Max Mannheimer
Spätes Tagebuch

PIPER

Zu diesem Buch

Nie wieder, so schwor sich Max Mannheimer, wollte er zurück nach Deutschland, in das Land seiner Peiniger. Er hatte alles durchlitten, was einem Menschen in dem von den Deutschen entfesselten Inferno zustoßen konnte: Demütigung, Vertreibung, Internierung im Ghetto, Tod fast der ganzen Familie in der Gaskammer, Arbeitslager und KZ, Hunger, Krankheit und Mißhandlung. Wie durch ein Wunder hatte er die Hölle überlebt. Doch dann lernt Mannheimer eine junge Deutsche kennen, die im Widerstand gewesen war, und gründet in München eine Familie. Lange Jahre spricht er nicht über das, was er erlebt hat. Erst, als er irrtümlich seinen Tod nahe glaubt, entschließt er sich, für die Nachgeborenen das Erlittene festzuhalten.

Max Mannheimer, geboren 1920 in Neutitschein (Tschechoslowakei), war gelernter Kaufmann. Nach der Besetzung des Sudetenlandes übersiedelte er nach Ungarisch Brod, wurde 1943 nach Auschwitz deportiert, im Oktober 1943 als »Arbeitsjude« nach Warschau überstellt und kam im August 1944 nach Dachau. Am 30. April 1945 wurde er von amerikanischen Truppen befreit. 2009 entstand Carolin Ottos Dokumentarfilm »Der weiße Rabe«, ein filmisches Porträt über Max Mannheimer. Er lebt heute in der Nähe von München und erhielt zahlreiche Ehrungen und Auszeichnungen.

Max Mannheimer

SPÄTES TAGEBUCH

Theresienstadt – Auschwitz
Warschau – Dachau

Mit einem Vorwort zur aktuellen Ausgabe
und Anmerkungen von Wolfgang Benz
und einem Nachwort von Ernst Piper

Mit 14 Abbildungen im Text

PIPER
München Berlin Zürich

Mehr über unsere Autoren und Bücher:
www.piper.de

Erweiterte Taschenbuchausgabe
Oktober 2010
5. Auflage Mai 2016
© Piper Verlag GmbH, München / Berlin 2000
erschienen im Verlagsprogramm Pendo
Umschlaggestaltung: semper smile, München,
nach einem Entwurf von Michael Wörgötter
Umschlagabbildung: Privatarchiv Max Mannheimer;
das Motiv zeigt den Autor im Juni 1945
Satz: Michael Hempel Grafisches Büro, München
Gesetzt aus der New Baskerville
Druck und Bindung: CPI books GmbH, Leck
Printed in Germany   ISBN 978-3-492-26386-3

Max Mannheimer,
geboren am 6. Februar 1920 in
Neutitschein/Tschechoslowakei

Vorwort

Max Mannheimer:
Zeitzeuge und Menschenfreund

Im Archiv der KZ-Gedenkstätte Dachau ist unter der Signatur 11.418 mit dem Zugangsdatum Mai 1976 und dem Vermerk »erhalten von Hermann Langbein Wien« ein Typoscript verwahrt, das auf insgesamt 66 Seiten die Geschichte der Verfolgung und des Überlebens eines Juden enthält. Es gibt einige handschriftliche Korrekturen, aber keine Überschrift und keinen Verfassernamen. Es sind die Erinnerungen Max Mannheimers an Theresienstadt, Auschwitz, Warschau, Dachau, die unter diesem Titel erstmals im Dezember 1985 in den *Dachauer Heften* publiziert wurden.

Im Frühjahr 1985, bei der Vorbereitung der *Dachauer Hefte*, die als wissenschaftliches Organ der gerade in Gang kommenden KZ-Forschung und zugleich als Forum der Überlebenden nationalsozialistischer Verfolgung konzipiert wurden, stießen wir auf Max Mannheimer. Wir, Barbara Distel, Leiterin der KZ-Gedenkstätte Dachau, und der Historiker, der diesen Versuch über den Zeitzeugen und Freund Max Mannheimer verantwortet, damals Mitarbeiter im Institut für Zeitgeschichte, suchten den Autor des *Späten Tagebuchs* auf, um ihn zu überreden, seinen Text für die erste Ausgabe der *Dachauer Hefte* freizugeben. Die Erinnerungen hatte Max Mannheimer im Dezember 1964 in einer tiefen Lebenskrise zu Papier gebracht. Bestimmt waren sie ausschließlich für seine Tochter Eva.

Zwei Jahrzehnte lang hatte der Autor nicht an eine Veröffentlichung gedacht, auch nicht daran, selbst öffentlich aufzutreten.

Nicht seine literarischen Talente hatte Max Mannheimer zunächst benutzt, um das Überleben zu verarbeiten, er hatte auch andere Möglichkeiten. In den 1950er-Jahren begann er zu malen, unter dem Namen ben jakov – damit ehrte er seinen Vater Jakob Mannheimer, den ehrbaren jüdischen Kaufmann im nordmährischen, überwiegend deutschsprachigen Neutitschein und dann in Ungarisch Brod in Südmähren, der wie die Mutter Margarethe am 2. Februar 1943 in Auschwitz ermordet wurde. ben jakov ist kunsthistorisch nicht zu verorten. Er ist als Maler naiv und eruptiv, das künstlerische Schaffen geschieht um des Schaffens willen: Die Bilder haben keinen Titel, sie sind ungegenständlich. (Mit einer Ausnahme: »Mein erstes Bild – 1954«, so datiert und vom Urheber benannt, zeigt ausgerechnet die Kapelle St. Bartholomä am Königssee, das Allerweltsmotiv unzähliger Kalender, Werbemittel, Farbdrucke auf dem Jahrmarkt).

Das Œuvre ben jakovs ist auf den ersten Blick großflächig dekorativ, von der Leuchtkraft des überwiegend verwendeten Kunstharzlacks geprägt, in vegetativen Formen wuchernd, die sich einprägen und den Betrachter nicht mehr loslassen. Die Bilder sind – einen Charakterzug des Künstlers offenbarend – herausgeschleudert, als seien sie aus sich heraus entstanden. ben jakov hantiert selten mit dem Pinsel oder dem Zeichenstift, seine Techniken sind Sprühdose und Eile, Glasmalfarben, Kunstharzlack und alle möglichen anderen Materialien. Es geht ihm um den Prozess des Malens, nicht um das Resultat. Aber die Ausstellungen 1975, 1995, 2001 in München, 1977 in Zürich, 1992 im Schloss seiner Geburtsstadt Neutitschein (Nový Jičín). 2000 und 2010 in Dachau freuen den Künstler. Michaela Haibl schrieb Anfang 2010 im Katalog der Retrospektive »… ich male nur für mich«: »Die Bilder auf der Leinwand, auf dem Papier, auf der Keramikfliese sind Spuren aus dem Leben Max Mannheimers, abstrakte Spuren der Themen, mit denen er sich befasst. Es sind auch Bilder eines Weges aus Schmerz und Depression. Sie wenden sich gegen die innere Schwere und illustrieren Unerschrockenheit im künstlerischen Feld, Heiterkeit sowie Lust am Improvisieren und am Zufall.«

Der literarische Erfolg seines schmalen Buches, das seit 2000 immer neue Auflagen erlebt, weil es wichtiger ist als viele andere Texte, war Max Mannheimer nicht in die Wiege gelegt. Nach dem Besuch der Handelsschule 1934–1936 macht er eine kaufmännische Lehre im Kaufhaus J. Schön und Co. in Znaim-Altschallersdorf in Südmähren. Der inzwischen 19-Jährige ist dann in der Gewürz- und Samenhandlung Rudolf Holz in Ungarisch Brod beschäftigt. Ab dem 1. September 1939 ist er Arbeiter im Straßenbau in der Gegend von Luhatschowitz. Zwei Jahre später heiratet er Eva Bock.

Der 23-Jährige wird mit seiner Frau, den Eltern und Geschwistern am 31. Januar 1943 nach Theresienstadt und von dort gleich weiter nach Auschwitz deportiert. Seine junge Frau sieht er, wie die Eltern und die Schwester, bei der Ankunft in Auschwitz zum letzten Mal.

Für ein Projekt der Wiener Library London schilderte Max Mannheimer am 12., 13. und 18. Januar 1956 in Frankfurt am Main seine Erlebnisse. Das Transkript der Interviews ist als dichte Beschreibung der KZ-Erfahrung unter dem Titel »In Polish and Bavarian Camps« nicht nur in London, sondern auch in Yad Vashem in Jerusalem und in der Gedenkstätte Dachau archiviert. Der Text beginnt so: »Ich lebte mit meiner Familie in der Tschechoslowakei. Mein Vater wurde am 10. November 1938 in Neutitschein, das aufgrund des Münchner Abkommens an Deutschland abgetreten war, verhaftet und mußte eine Erklärung unterschreiben, daß er nie mehr wieder deutsches Reichsgebiet betreten werde. Ich war damals kaufmännisch tätig. Auch wir mußten dann diese Stadt verlassen und gingen nach Ungar. Brod. Im Sommer 1939 habe ich dann als Arbeiter beim Straßenbau begonnen und blieb bei ähnlichen Arbeiten, bis zum Januar 1943. Da wurden plötzlich alle Juden durch den Sicherheitsdienst in dem dortigen Gymnasium zusammengetrieben, alle Wertgegenstände mußten abgeliefert werden. Dann wurde ein Transport zusammengestellt. Am 31.1.43 wurden wir nach Theresienstadt gebracht.« Das ist, lakonisch und präzise berichtet, der Anfang der Verfolgung der Familie Mannheimer. Es sind die Eltern Jakob und Margarethe, die Söhne Max und dessen Frau Eva, Edgar, Erich, Ernst und die Tochter Käthe. Eine gutbürgerliche Familie, die deutsche und jüdische Werte und Traditionen hochhielt. Überlebt haben die Shoah nur Max und Edgar.

Der Text von 1956 kann als Vorstufe des *Späten Tagebuchs* gelesen werden, das acht Jahre danach Geschriebene ist farbiger, detailreicher, ausführlicher, aber es spiegelt die gleichen Tugenden: Genauigkeit, Verzicht auf Schnörkel und Floskeln, auf Larmoyanz, auf moralisierendes Pathos. Das macht die literarische Qualität der Erinnerungen Max Mannheimers aus. Noch größere Wirkung als der Autor Max Mannheimer hat der Erzähler, der seit zweieinhalb Jahrzehnten, nach dem ersten Erscheinen seines Berichts im Druck 1985, rastlos als Zeitzeuge unterwegs ist. Vor Schülern und Studierenden, auf Gedenkveranstaltungen, im Parlament, auf dem Kirchentag, in Seminaren, auf allen nur denkbaren Foren spricht Max Mannheimer.

Nach der Befreiung Ende Mai 1945 kehrt Max Mannheimer in seine Heimatstadt Neutitschein zurück, die jetzt Nový Jičín heißt. Im Dezember 1946 heiratet er die Widerstandskämpferin Elfriede Eiselt. Ihre gemeinsame Tochter Eva wird noch in Neutitschein geboren. Ein Jahr später zieht die Familie nach München. Elfriede Mannheimer vertritt zwischen 1952 und 1960 die SPD im Münchner Stadtrat, Max stellt sich in den Dienst jüdischer Hilfsorganisationen. Zuerst, 1947, arbeitet er im »Zentralkomitee der befreiten Juden in der US-Zone«, schreibt für die deutsch-jüdische Zeitung Neue Welt, die sein Freund Ernest Landau herausgibt, seit August 1948 ist er für das »American Joint Distribution Committee« in München und Frankfurt a. M. tätig. Sein berufliches Leben als Kaufmann beschließt er als Geschäftsführer eines Lederwarengeschäfts am Münchner Hauptbahnhof. Seine Frau Elfriede stirbt 1964. 1965 heiratet Max Mannheimer wieder, die Amerikanerin Grace Cheney. 1966 wird der Sohn Ernst geboren. Grace stirbt am 3. Mai 2010.

Der Zeitzeuge als emblematische Figur agiert in unterschiedlichen Zusammenhängen auf verschiedenen Ebenen. Der forensische Zeitzeuge tritt bei öffentlichen Ritualen vor ein Publikum, das politische Ansprüche stellt. Der pädagogische Zeitzeuge hat sein Wirkungsfeld in der Schule. Der mediale Zeitzeuge erscheint im Fernsehen, im Hörfunk und in Printmedien und macht Features und Reportagen authentisch oder er wirkt autoritativ in Sachen »öffentliche Meinung«, als Kommentator, Teilnehmer an Talkshows und so weiter. Max Mannheimer verkörpert alle Typen des Zeitzeugen par excellence wie kaum ein anderer. Er macht es den Nachlebenden leicht, die Botschaft zu verstehen und den Botschafter zu lieben. Er macht es leicht, weil er so freundlich ist, weil er Humor hat und niemandem wehtun will. Deshalb findet er Gehör. Und das fördert die Sache, für die er wirbt: Aufklärung über den Nationalsozialismus.

Die Karriere des Zeitzeugen Mannheimer beginnt unmittelbar nach der Veröffentlichung des Lebensberichts 1985. Seit 1988 ist er Vorsitzender der deutschen »Lagergemeinschaft Dachau« und Vizepräsident des »Comité International de Dachau«. Mit Auszeichnungen ist er überhäuft. Zu den Orden und Ehrenzeichen kommt 2000 die Doktorwürde honoris causa der Ludwig-Maximilians-Universität München, die Ehrenbürgerschaft von Neutitschein; er ist der Held des Films »Der weiße Rabe« von Carolin Otto (2009). Zum 90. Geburtstag erhält er die Würde eines Ehrenmitglieds der Israelitischen Kultusgemeinde München.

Die Rolle des Zeitzeugen als Historiograf und Chronist ist in der Sache ein Widerspruch in sich, trotzdem kann sie hervorragend besetzt sein, wie einst mit Eugen Kogon, der das eigene Erleben mit nüchterner Distanz im Buchenwald-Bericht *Der SS-Staat* objektivierte. Oder Stanislav Zámečník, der die Profession als Historiker mit der Erfahrung des Gefangenen in der wissenschaftlichen Monografie zum KZ Dachau verband. Ein Gegenbeispiel wäre H. G. Adlers 1955 erschienenes und zweimal wieder aufgelegtes Buch über Theresienstadt, das er dazu nutzte, die Analyse der Strukturen des Ghettos mit tendenzieller Charakterisierung handelnder

Personen (des Judenrats) zu verbinden, die deren Bild in der Geschichte mit nachhaltiger Wirkung verzerren. Max Mannheimer erfüllt alle Anforderungen an den idealen Zeitzeugen und mehr. Denn er bringt Charaktereigenschaften, Temperament und Anlagen mit, die ihn zum Aufklärer prädestinieren: Humor, Leidenschaft und nimmermüde Freundlichkeit. Das macht ihn, den von Natur Neugierigen und Aufgeschlossenen, der gerne auf Menschen zugeht, zum idealen Gesprächspartner für junge Menschen, weil er nicht Betroffenheit erzeugen will, sondern Verständnis und Wissen. Die Attitüde des leidenden Opfers ist ihm wesensfremd, und deshalb tritt er weder als Bußprediger noch als Racheengel auf, wenn er über den Holocaust spricht.

Geduld ist seine Sache nicht. Ständig in Unruhe, nur glücklich, wenn er viele Verpflichtungen hat, wenn er an vielen Orten zugleich gebraucht wird, eilt Max von Termin zu Termin, ackert auf dem steinigen Boden schwieriger Erinnerung und freut sich an den Huldigungen des Publikums. Wenn Damen von ihm hingerissen sind, dann schätzt er es besonders, obwohl er es eigentlich selbstverständlich, jedenfalls leicht erklärlich, findet. Als Kavalier alter Schule und Charmeur von Graden reagiert er auf alle Zuwendung mit Grandezza.

Man soll nie sagen, ein Mensch sei eitel. Das ist er nämlich von Natur aus, und jeder Mensch ist so. Nur die Ausprägungen des Bedürfnisses nach Wirkung sind unterschiedlich, bei manchen mehr nach innen, bei manchen mehr nach außen gerichtet. Auch der liebenswerte und bescheidene Max Mannheimer ist keine Ausnahme. Jahrelang fährt er im Sommer (denn das Fahrzeug ist nicht mehr wintertauglich und viel zu kostbar für schlechte Witterung) mit einem Automobil umher, das Passanten zu fassungslosen Gaffern macht. Es ist der legendäre Tatra, 1938 in den Tatra-Werken in der Tschechoslowakei konstruiert, ein Auto in futuristischem Design mit einer Haifischflosse auf dem Heck, das am Anfang aller automobilen Stromlinienform steht, ein silbergraues Phantom der Technikgeschichte. (Freilich hat es auch einen biografischen Bezug, Max hat das Auto von seinem Bruder Edgar zum 70. Geburtstag geschenkt bekommen, der sich als Galerist in Zürich niedergelassen hat, wo er 1993 gestorben ist).

Begabung zur Freundschaft hat er wie wenige. Der Autor dieser kritischen Betrachtung (der sich bewusst ist, dass sein Freund Max den Unterschied in der Kompetenz zwischen dem Historiker, der den Holocaust zu erforschen und zu interpretieren hat, und dem, der ihn erlitten hat, gerne dadurch betont, dass er in gespielter Bescheidenheit fragt, ob er keinen Fehler gemacht habe in der Schilderung der Schrecken von Auschwitz) ist glücklich, dass er dieser Freundschaft teilhaftig sein darf. Die Aufrichtigkeit des Max Mannheimer erklärt seine

Fähigkeit zum Freundsein zu einem Teil. So bittet er den Historiker, zu dessen Beruf die öffentliche Dokumentation von Zeugnissen des Nationalsozialismus (zum Beispiel eines kommentierten Reprints des *Völkischen Beobachters*) gehört, in einem Brief um Nachsicht, dass er es als Überlebender der Shoah mit seinem Gewissen nicht verantworten kann, dass man NS-Dokumente nachdruckt, und dass er das bei einer Anhörung im Bayerischen Landtag deshalb so sagen muss.

Freundschaft, die auf Überzeugungen wie dieser gründet, verbindet ihn auch mit dem Karmelkloster in Dachau. Sr. Elija Boßler, beeindruckt durch die Lektüre seiner Erinnerungen, begegnete ihm 1988 in einem ökumenischen Gottesdienst und empfing 1992 einen Brief von Max Mannheimer, der den Sinn der Freundschaft zwischen dem Juden und der Nonne stiftete: »Sollte man noch mal versuchen, Synagogen anzuzünden, so wirst Du diese verteidigen – und ich werde das Gleiche bei Kirchen tun …«

Das Geheimnis seines Erfolgs und seine Wirkung auf Menschen hat Barbara Distel, langjährige Weggefährtin und Freundin, zu umschreiben versucht: »Im Wissen, dass man niemals im Voraus wissen kann, wie sich ein Mensch verhalten wird, der von Folter und Tod bedroht ist, urteilt er nicht von vornherein, nicht aufgrund des Augenscheins. Jeder, besonders jeder Jugendliche, soll Gehör finden, selbst ein Neonazi, der ja vielleicht noch zur

Vernunft kommen kann.« Das ist die Botschaft der Toleranz und Menschenfreundlichkeit, die Max Mannheimer nicht nur kündet, sondern lebt.

Der Historiker sei der natürliche Feind des Zeitzeugen, lautet ein verbreitetes Urteil. Die gerne zitierte Metapher ist natürlich falsch, weil sie einen grundsätzlichen Gegensatz konstruiert, und sie ist töricht, weil sie immer eine von beiden Seiten denunziert. Aber der Anspruch auf Authentizität (versus Quellenstudium und Literaturexegese) verbunden mit dem moralischen Postulat des Zeitzeugen, die Wiederholung des Verbrechens verhindern zu müssen (versus objektiver Wissenschaftlichkeit, die keinen solchen Auftrag hat), kann durchaus zu Spannungen führen.

Den Historiker unterscheidet vom Zeitzeugen die Pflicht zur Erforschung der Details, zur Dokumentation und Interpretation nach den Regeln der Quellenkritik, zur Bewertung des Details und zur Einfügung in den Kontext, in die Historiografie des Völkermords. Historiker und Zeitzeugen sind aufeinander angewiesen: Der Erlebende bringt sein Zeugnis als Quelle ein, der Historiker schafft den Rahmen für das Erinnerungsbild, hilft als Interpret oder durch die Bestätigung von faktischen Sachverhalten, gibt dem Zeugnis einen Platz in der kollektiven Erinnerung und fügt die Summe der Zeugnisse in die Deutung des Geschehenen ein.

Die Zeugnisse der Verfolgung sind also unentbehrliche Quellen, nicht, weil sie erst die Verfolgung beweisen würden und müssten (dazu gibt es hinlängliches Material, das von den Tätern selber erzeugt wurde und das Gegenstand der Arbeit der Historiker ist), sondern weil nur sie die humane Dimension der Katastrophe deutlich und in Ansätzen auch nachvollziehbar machen. Wir sind für jede Erinnerung dankbar, und wir sind dankbar, dass die Autorinnen und Autoren sich der schmerzhaften Mühe unterzogen haben, sie zu fixieren zum Nutzen der Mitlebenden und der Nachgeborenen. Der Zeugenbericht über die Verfolgung ist unverzichtbarer Ursprung aller Historiografie über den Nationalsozialismus, die Konzentrationslager, die Ghettos, den Judenmord. Für den Holocaust gilt das in mehrerer Beziehung ganz besonders. Denn die Einzelheiten des millionenfachen Völkermords sind den Unbeteiligten nicht vorstellbar, und sie sind aus den Akten auch nicht zu rekonstruieren, denn Auschwitz ist der Punkt der Geschichte, an dem die Realität alle menschliche Fantasie und Vorstellungskraft übertrifft.

Die Gefühle und Schmerzen der Opfer, die Schwierigkeiten des Überlebens, die Qualen der Erinnerung entziehen sich der Wahrnehmungs- und Darstellungsfähigkeit des nicht daran Beteiligten, und bei allem Fleiß im Studium der Details, bei aller Empathie bleibt auch der Historiker ein Unbeteiligter, ja, er muss es bleiben, muss kritische Distanz halten, um ein objektives, ein möglichst richtiges Bild der Sache, der er sich verschreibt, seinem Publikum vor Augen führen zu können. Das heißt nicht, dass er nicht Partei nehmen darf; bei der Betrachtung und Beschreibung des Völkermords ist die Wissenschaft nicht von der Moral zu trennen, und es ist nicht möglich, sozusagen zweckfrei und nur um der Argumentation willen so zu tun, als habe es Auschwitz nicht gegeben oder es sei nicht so gewesen, wie es war, und deshalb ist es auch nicht legitim, die Katastrophe der Shoah lediglich als geistesgeschichtliches oder politisches Phänomen zu untersuchen, bei dem die Opfer außer Acht bleiben und lediglich als statistische Größen vorkommen. Erst der Bericht des Überlebenden gibt der historischen Begebenheit die menschliche Dimension, ohne die sie nicht zu begreifen ist.

Max Mannheimers Lebensbericht, das *Späte Tagebuch*, ebnet wie kaum ein anderer Text den Weg zum Verständnis der Tragödie, weil er im Verzicht auf Effekte das beschreibt, was einem Menschen und seinen Angehörigen geschehen ist und wie es geschehen ist, und da-durch nachvollziehbar macht, was Millionen widerfuhr, von denen nicht viele überlebten und Zeugnis geben konnten.

München, im Juni 2010
Wolfgang Benz

Jugend in Neutitschein

WITKOWITZ. Radetzkystrasse

Der Laden von Adolf Guttmann,
dem Onkel meines Vaters, in
Witkowitz (heute Ostrava) vor
dem Ersten Weltkrieg.
Mein Vater erlernte dort den
Beruf eines Kaufmanns.

Zu meinen ersten Eindrücken, die für mein späteres Leben von Bedeutung gewesen sind, gehört die Weihnachtsbescherung im Neutitscheiner Kindergarten. Noch wußte ich nichts über den Unterschied zwischen Juden und Nichtjuden. Dennoch empfand ich es als ungerecht, wie die Kindergartentante, als Weihnachtsmann verkleidet, die Geschenke verteilte. Besonders hätte ich mir das schöne Schaukelpferd gewünscht, mit welchem eines der Kinder beschenkt wurde, aber ich bekam nur zwei holzgeschnitzte Turner, die auf einem Barren von einem Ende zum anderen rollten. Zu Hause beklagte ich mich bei meiner Mutter über diese Ungerechtigkeit, und später, als ich die Bedeutung des Weihnachtsfestes und den Unterschied zwischen Christen und Juden zu begreifen begann, kam ich mehr und mehr zu der Ansicht, das Christkindl mag die Juden nicht.

Erst nach dem Eintritt in die Volksschule wurde mir bewußt, daß ich anders sei als die anderen; zumindest fühlte ich mich auch dadurch benachteiligt, daß ich nicht am Religionsunterricht in der Schule teilnehmen durfte, wie die anderen Kinder, und für gesammeltes Stanniolpapier, das angeblich zur Befreiung der afrikanischen Negersklaven diente, keine Heiligenbildchen bekam. Ich war darüber sehr traurig und tröstete mich erst, als ich von Frau Mandl, der Witwe des Neutitscheiner Rabbiners, aufgeklärt wurde, daß die Juden eine eigene Geschichte hätten, die viel älter sei. Den Erzählungen aus der biblischen Geschichte hörte ich immer gespannt zu und war davon überzeugt, daß der Herr Pfarrer, den ich wie die anderen Kinder mit »Gelobt sei Jesus Christus« grüßte, keine so schönen Geschichten zu erzählen wußte. Im übrigen bekamen die christlichen Kinder keine Süßigkeiten, wie ich sie während unseres Religionsunterrichts außerhalb der Schule bekam, jeweils als Lohn für gutes Benehmen.

Meine Eltern hatten sich im letzten Kriegsjahr kennengelernt. Meine Mutter war Verkäuferin im Metzgerladen meines Onkels. Onkel Jakob war der älteste der vierzehn Geschwister; meine Mutter, Margarethe, war die jüngste. Am 25. März 1919 heirateten meine Eltern. Die Mitgift meiner Mutter bestand aus altmodischen Möbeln mit tausend Verzierungen. Die Hochzeit selbst wurde durch meinen Onkel finanziert, einschließlich der Beschaffung eines Fracks für meinen Vater.

Mein Vater pachtete ein Wirtshaus in der Neutitscheiner Landstraße, Haus Nr. 20, das der Familie Huppert gehörte, und im Nebenzimmer der Wirtsstube kam ich ein Jahr später zur Welt. Im Jahre 1921 wurde mein Bruder Erich geboren, 1923 Ernst, 1925 Edgar und 1927 meine Schwester Käthe.

Mein erstes Wort war nicht etwa »Papa« oder »Mama«, sondern »Auto«. Diese Faszination für das sich auf vier Rädern bewegende Gefährt sollte mich nie verlassen.

Mein Vater, links sitzend, mit
seinem Cousin und einer Freundin
während des Ersten Weltkrieges.
Er diente sieben Jahre in der
K. und K. österreichischen Armee,
davon drei Jahre an der Front.
Er wurde mit einem Kreuz
ausgezeichnet.

Mein Vater hatte wenig Zeit für uns Kinder und deshalb wußte ich es zu schätzen, wenn er uns Geschichten erzählte. Vor allem beeindruckte mich seine Darstellung von der Begegnung mit einem guten Freund, den er seiner Treue wegen über die Menschen stellte. Es war 1915. Das zweite Kriegsjahr. Das Regiment, dem mein Vater angehörte, lag damals in Galizien. Es war in der Nacht. Mein Vater hatte Wache. Er sprach mit einem anderen Soldaten. Plötzlich hörte er das Wiehern eines Pferdes, das immer stärker wurde. Mein Vater ging näher und erkannte das Pferd, das ihn und den Lieferwagen seines Onkels, der in Witkowitz einen Lebensmittelgroßhandel betrieb, durch die Lande gefahren hatte. Die Geschichte dieser Begegnung gefiel mir derart gut, daß sie mein Vater immer wieder erzählen mußte.

Wir Kinder waren stolz auf eine Freundschaft unseres Vaters mit einem jüdischen Lokomotivführer namens Allerhand. Wir lernten ihn einmal kennen. Vor allem eine Taschenuhr, die an einer langen, schweren Kette hing, regte unsere Phantasie an. Ihre Zeiger haben die Abfahrt des Zuges zuverlässig angezeigt, und in unserer Vorstellung sah es so aus, als ob diese Uhr die Kraft besäße, Züge in Bewegung zu setzen.

Aus der Jugend meines Vaters weiß ich nur so viel, daß er als Zwölfjähriger zu seinem Onkel Adolf Guttmann in die kaufmännische Lehre kam und leidenschaftlich gern tanzte, so leidenschaftlich, daß er einmal drei Nächte hintereinander durchtanzte und während des Tages arbeitete. Allerdings mußte in der dritten Nacht ein Eimer kalten Wassers den übereifrigen Tänzer, der ohnmächtig geworden war, wieder zum Leben erwecken.

Wie die meisten Großstädter – Witkowitz gehört zu Mährisch-Ostrau – wurde mein Vater, obwohl aus einer ländlichen Gegend in der Nähe von Krakau stammend, ein richtiger Kaffeehausmensch. Dazu gehörten natürlich, genauso wie das Zeitungslesen, das Billard und das Kartenspiel. Mein Großvater väterlicherseits, dessen zweiter Ehe mein Vater entstammte, war der Besitzer eines Wagens mit zwei Pferden und lebte davon, daß er für einige Kaufleute aus dem 30 km entfernten Krakau allerlei Waren transportierte. Ein Unternehmen mit zwei Pferdestärken. Außerdem besaß mein Großvater einen Wald und Felder. Ich bin heute nicht mehr sicher, ob es sich um meinen Großvater oder Urgroßvater handelte, dem es innerhalb weniger Jahre gelang, besagten Wald zu vertrinken. Dieses Ereignis in der Geschichte meiner Familie bewirkte, daß ich mir vornahm, nie zu trinken, und ich habe mich bis heute daran gehalten. Freilich haben meine Erziehung und das Vorbild im Sportklub Makkabi das ihre dazu beigetragen.

Mein Großvater soll enorme Kräfte gehabt haben. Als sich einmal bei einem Holztransport ein Pferd ein Bein brach, soll er es in ein Laken gewickelt

und das Pferd auf den Schultern bis zu dem einige
hundert Meter entfernt liegenden Stall geschleppt
haben. Hierzu muß jedoch bemerkt werden, daß es
in Polen eine Pferderasse gibt, die nur etwas größer
ist als ein Pony. Für mich aber war ein Pferd eben
ein Pferd und die Tat des Großvaters bewunde-
rungswürdig.

Meine Großmutter, die in Myslenice, einem
polnischen Provinzstädtchen wohnte, war eine
gutherzige Frau, die mir uralt erschien, uns Kinder
beim Küssen fest an sich drückte und wunderbare
Nudelsuppe mit großen Bohnen kochte. Besonders
gern sah ich ihr beim Brotbacken zu. Es war viel
schöner, als wenn man das Brot einfach beim
Bäcker holte. Freitags abends zog meine Großmutter ein schönes Kleid an, zündete die Kerzen an und
war stolz darauf, daß ich den Segensspruch über das
Brot so gut aufsagen konnte. Onkel Ludwig, der
Schwager meines Vaters, nahm mich am Sabbath in
die Synagoge mit, wo es viel lauter zuging als in
unserer Synagoge daheim. Sehr viele Männer trugen lange Bärte und Schläfenlocken, Jugendliche
nur Schläfenlocken und schwarze, lange Mäntel
und Käppis. Ich konnte es als Zehnjähriger nicht
verstehen, daß nur einige Eisenbahnstunden ost-
wärts die Juden so anders aussahen als in Neutitschein, daß sie so isoliert lebten, ausschließlich
untereinander verkehrten und die Frauen in der
Synagoge hinter einem Vorhang versteckt waren.
Doch gab es auch in Myslenice Männer ohne Bärte

und Schläfenlocken, die am Sabbath heimlich eine am Fluß Raba gelegene Wirtschaft mit Kegelbahn aufsuchten und den Sabbath auf diese Weise entweihten.

Die Erlebnisse in den Ferien bei der Großmutter prägten sich mir tief ein. Insbesondere war ich glücklich, einen Teil meiner Kindheit da verbringen zu dürfen, wo mein Vater vermutlich seine Späße getrieben hatte, und ich wünschte mir damals sehr, in einer solch schönen Gegend mit Wald hinter dem Haus aufwachsen zu können. Nur der Fußballplatz fehlte, und so fiel es mir leichter zurückzufahren.

Meine Mutter war meinem Vater in geistiger Hinsicht überlegen. Ihr Wissen war, wenn man den nur achtjährigen Schulbesuch in Betracht zieht, erstaunlich. Sie las viel, besaß die meisten Klassiker und konnte trotz der lange zurückliegenden Schulzeit ein französisches Gedicht fließend rezitieren. Es gefiel mir immer wieder, obwohl ich kein Wort verstand. Es war etwas mit Frühling, Blumen und Vogelsang.

Meine Mutter war schön. Oder ich sah sie zumindest so. Sie war eine liebevolle Mutter und ihre Kunst bestand darin, jedem von uns Kindern das Gefühl zu geben, er sei der Bevorzugte. Meine Mutter war sehr gläubig. Nicht nur nach außen hin. Sie ging zwar nur zu den Feiertagen in die Synagoge, kochte jedoch koscher und war eine geduldige

Der Lieferwagen meines Vaters,
ein Chevrolet mit sechs
Zylindern, Baujahr 1931.
Novy Jičín ist die tschechische
Bezeichnung für Neutitschein,
auf der anderen Wagenseite
stand der deutsche Name
Neutitschein.

Gattin. Durch die Leidenschaft meines Vaters für das Kartenspiel war meine Mutter viel allein. Sonntags gegen Abend schickte sie mich, weil ich der Älteste war, ins Café »Heinrichshof«, um meinen Vater abzuholen. Die halbhohen, schweren Vorhänge, die vor den Kaffeehausfenstern hingen, versperrten die Sicht, so daß ich erst durch einen Sprung den prächtigen Glatzkopf meines kartenspielenden Vaters erspähen konnte. Dann ging ich hinein. Mein Vater begrüßte mich so herzlich, als ob wir uns seit Monaten nicht gesehen hätten, und bot mir eine Limonade an, eine Art Bestechung, um das Kartenspiel auszudehnen, die ich je nach Stimmung annahm oder ablehnte.

Meine Mutter war viel allein. Obwohl sie kein einziges Mal darüber klagte, beschloß ich, nie Karten zu spielen, um mehr Zeit für die Familie zu haben. Und ich habe mich immer daran gehalten.

Als Rechtfertigung für meinen Vater wußte meine Mutter eine Geschichte zu erzählen, die sich in Ungarisch-Brod zugetragen haben soll. Ein kinderreicher Familienvater, Besitzer eines kleinen Hauses, hatte beim Kartenspiel in einer Nacht das Haus verspielt. Die Familie mußte innerhalb weniger Tage ausziehen. Als der Mann starb, sagte seine Witwe am Grabe: Recht hast du gehabt, daß du gespielt hast, so hast du wenigstens eine Freude im Leben gehabt.

Trotz dieses schwachen Punktes war mein Vater ein guter, wenn auch strenger Vater mit

31

einem stark ausgeprägten Gerechtigkeitssinn. Er war ein korrekter Kaufmann und war sehr geachtet. Im Jahre 1927 erstand mein Vater ein Motorrad mit einem Beiwagen, der wie eine Blechkiste aussah, lud ihn mit Käse, Fischkonserven und ähnlichem voll und besuchte Geschäfte in der näheren Umgebung. Ein Jahr später kaufte er einen Lieferwagen, nahm Schokolade hinzu und baute ein Großhandelsgeschäft auf. Im Jahr 1930 gab mein Vater das Wirtshaus auf und kaufte ein Haus. Die eine Hälfte des Geldes habe er sich geliehen, die andere sei er schuldig geblieben, pflegte er den Neugierigen zu erklären.

Kurz vor meinem 13. Geburtstag wurde ich für die Bar-Mitzwah vorbereitet. Sie ist ein großes Ereignis im jüdischen Leben, die aus dem Jugendlichen ein gleichberechtigtes Mitglied in der Synagogengemeinde macht. Ich spüre heute noch die Aufregung meiner Mutter, als ich vor den Thoraschrein der Synagoge trat, und auch ich war sehr aufgeregt. Künftig würde ich der Minjemann sein können. Wenn Juden gemeinsam beten wollen, müssen es immer zehn Männer sein. Mit der Bar-Mitzwah war ich ein Minjemann geworden. Man würde mich an Wochentagen, wenn sich ein Todestag jährt und das Totengebet, das Kaddisch, gesprochen wird, von zu Hause holen, und ich würde am Gottesdienst teilnehmen. Neben den Tefillin, den Gebetsriemen, und Tales, dem Gebetsschal, bekam ich viele Geschenke.

Meine Schulzeit war eigentlich nicht sehr aufregend. Ich wurde in der Schule nie wegen meines Glaubens gehänselt, obwohl hin und wieder auf der Straße jemand »Saujude« rief. Wenn ich es konnte, wehrte ich mich mit Fäusten. In einem Fall, es handelte sich um einen älteren und kräftigeren Jungen, habe ich meinen Bruder Erich zu Hilfe gerufen. Mein Bruder nahm einen Pferdeapfel und stopfte diesen dem Beschimpfer so lange in den Mund, bis er versprach, nie wieder »Saujude« zu rufen.

In der Handelsschule, die ich von 1934 bis 1936 besuchte, konnte ich die ersten Anzeichen des Nationalsozialismus unter meinen 15–17jährigen Mitschülern beobachten. Eine Mitschülerin namens Haas hatte in einem ihrer Schulbücher ein Hitler-Bild, das sie während des Unterrichts öfters und ausgiebig betrachtete. Es erschreckte mich ein wenig, denn immerhin wurden in Deutschland die Juden schon damals verfolgt. Durch das Buch eines deutschen Emigranten, das in der ČSR erschienen war, wußte ich etwas darüber, jedoch die Gefahr, wie sie das Buch beschrieb, habe ich nicht sehen wollen. Außer der »Sudetendeutschen Heimatfront« (SHF), der späteren »Sudetendeutschen Partei« (SDP), die von allen unterschätzt wurde,[1] sahen wir keine Anzeichen, die auf eine Zerstörung der tschechoslowakischen Republik hingedeutet hätten. Der Gründer und erster Präsident der ČSR, Thomas Garrigue Masaryk, wollte aus diesem teils hoch-

industrialisierten und teils gut entwickelten Agrar-
land, das von Tschechen, Slowaken, Deutschen,
Polen, Ruthenen, Ungarn und Juden bewohnt
war, einen Vielvölkerstaat nach Schweizer Vorbild
schaffen. Allerdings machten die Tschechen, die
nach jahrhundertelanger Fremdherrschaft die
Selbständigkeit erlangt hatten, Fehler, die durch
die deutsche Minderheit propagandistisch ausge-
nutzt wurden; vor allem die Personalpolitik bei der
Besetzung wichtiger und unwichtiger Posten wurde
sehr ungeschickt gehandhabt.

Nach Beendigung der Handelsschule trat ich
bei der Firma J. Schön & Co. in Znaim-Alt-Schallers-
dorf ein. Die Arbeit im Geschäft und Büro fiel mir
nicht schwer, da ich etwa seit dem zwölften Lebens-
jahr im väterlichen Geschäft fleißig mitgeholfen
hatte. Ich arbeitete sehr viel. Der Laden, eine Art
kleines Kaufhaus, war täglich von fünf Uhr dreißig
bis einundzwanzig Uhr geöffnet und sogar am Sonntag von sieben bis elf Uhr vormittags. Meine Freizeit
nutzte ich zu Spaziergängen, Ausflügen mit dem
Fahrrad, Kinobesuchen oder zum Fußballspielen.

Das Bild, das die Dorfbewohner von uns
Juden hatten, läßt sich in einem Satz zusammen-
fassen: Die Juden sind gute Kaufleute, lassen ihre
Kinder studieren und halten sehr zusammen. Als
etwas Besonderes, weil von ihrem Bild abweichend,
betrachteten sie mich beim Fußballspiel. »Ein Jude
spielt mit.« Diese Nachricht verbreitete sich schnell
und in der Pause war ich von Neugierigen umringt

Ein Klassenfoto aus der
Neutitscheiner Handelsschule, 1935.
Ich bin oben links.

Das Fußballteam S.K. Neutitschein
im Jahre 1936. Ich war linker
Läufer, auf dem Bild in der ersten
Reihe links.

wie ein großer Fußballstar. Daß ich außerdem ein
ganz guter Spieler war, versetzte die Zuschauer in
noch größeres Staunen.

Die Aktivität der sudetendeutschen Henlein-Partei
verstärkte sich immer mehr, und, als am 12. März
1938 Hitler in Österreich einmarschierte, hat uns
Juden das Bewußtsein, daß Hitlers Truppen jetzt
nur noch 10 km von uns entfernt waren, besonders
belastet. In den folgenden Nächten kamen viele ille-
gale jüdische Flüchtlinge über die Grenze, manche
schliefen in meinem Bett, während ich es mir in
einem Stuhl bequem machte. Frühmorgens wurden
sie mit einem Taxi zum Bahnhof gebracht, um ins
Landesinnere, hauptsächlich nach Brünn, weiter-
zureisen. Die Gendarmerie wußte zwar von den ille-
galen Einwanderern, drückte aber beide Augen zu.

Eine junge Frau, die bei uns übernachtet
hatte und die gerade zum Bahnhof gebracht werden sollte, ließ es sich nicht nehmen, obwohl ich sie
bat, sich zu beeilen (das Taxi stand vor der Tür), in
aller Ruhe Rouge aufzulegen und ihre Lippen zu
bemalen. Damals ärgerte ich mich über diese
Verhaltensweise, später, als ich daran zurückdachte,
habe ich die unscheinbare Frau wegen ihrer
Haltung bewundert. Sie hat fliehen müssen, so viel
verloren – ihre Würde und Selbstbeherrschung hat
sie jedoch behalten.

Die politischen Spannungen und die Unge-
wißheit veranlaßten mich in der zweiten Septem-

berhälfte, zu meinen Eltern und Geschwistern nach Neutitschein zurückzukehren.

Die ständigen Manöver des Militärs, die politische und diplomatische Aktivität, die Aggressivität der Nazis und schließlich die Teilmobilisierung im Mai 1938 ließen das Unglück, das über uns hereinbrechen sollte, erahnen. Die einzige Hoffnung knüpften wir an die politischen und militärischen Bündnisse, die sich später dann als bloßes Papier erweisen sollten.

Als Hitler, Mussolini, Chamberlain und Daladier im September 1938 im »Führerbau« am Münchner Königsplatz die Abtretung des sogenannten Sudetenlandes an Hitler unterschrieben, brach eine neue Epoche an.[2] Insbesondere die Juden in der ČSR sahen ihr mit Sorge entgegen.

10. Oktober 1938
Besetzung des »Sudetenlandes«

Eine Kleinstadt steht Kopf. Überall hängen Hakenkreuzfahnen und Transparente »Wir danken unserem Führer!«, »Wir begrüßen unsere Befreier!«. Die deutschen Truppen ziehen in Neutitschein ein. Die Bevölkerung jubelt vor Begeisterung. Nein, sie jubelt nicht, sie brüllt. »Sieg Heil! Sieg Heil! Sieg Heil!« In allen Schaufenstern stehen Hitlerbilder und Sprüche des Dankes. Zum Stadtplatz, dem Mittelpunkt der Feierlichkeiten, traue ich mich nicht. Die Begeisterung ist unüberhörbar, fanatisch.

Zu Hause beraten wir. Es wird schon nicht so schlimm werden. Man kann ja nicht weglaufen. Das Haus ist ja da. Vater ist optimistisch. Er war Teilnehmer des Weltkrieges und zahlte seine Steuern pünktlich. Er ist sehr beliebt und hat einen guten Ruf. Alle kennen ihn. Nicht nur der Rabbiner, auch der Pfarrer. Er war immer nur Kaufmann, immer unpolitisch. So Gott will, wird alles gutgehen. So Gott will.

Zwei Tage später beschlagnahmen der Chauffeur der Firma Markus und der Sohn des Seifensieders Piesch im Namen der neuen Herren unseren Chevrolet-Kastenwagen für die NS-Volkswohlfahrt. Ihr Auftreten ist sehr forsch. Es ist erstaunlich, wie der militärische Ton, ein paar Stiefel und Reithosen die Menschen verändern.

Nach einigen Tagen darf unser Chauffeur, Albert, nunmehr vom tschechischen Militär entlassen, »seinen« Wagen für die NSV fahren. Brot und Konserven werden an die »hungernde« Bevölkerung verteilt. Eine groteske Situation. Deutsche Konserven aus einem jüdischen Wagen. Unsere auf beiden Seiten des Wagens angebrachte Firmenaufschrift ist mit NS-Plakaten überklebt. So einfach ist das.

»Hitler tut etwas für das Volk«, sagt Albert zu mir. Er vergißt in diesem Augenblick, daß für dieses »Tun« der Wagen des alten Mannheimer »geliehen« wurde und darüber hinaus Albert von uns seinen Lohn erhält. »Ja, er tut etwas«, antwortete ich.

Nach dem 10. Oktober 1938
Neutitschein

Das Stadtbild hat sich seit dem 10. Oktober sehr
verändert. Der Verkehr wurde über Nacht von
Links- auf Rechtsverkehr umgestellt, die Polizisten
bekamen neue Uniformen, die zweisprachigen
Tafeln verschwanden. Überall gab es Hakenkreuze,
Menschen trugen mantelknopfgroße Parteiabzei-
chen. Unser Nachbar, Herr Demel, ein Lebensmit-
telkaufmann von sehr kleinem Wuchs, stellte sich
in Positur und erklärte: »Früher waren wir klein,
aber jetzt ...« Ich sah ihn direkt wachsen. Sein
Selbstbewußtsein konnte man förmlich spüren.
Frau S. in der Mühlgasse tauschte das Marienbild,
unter dem ein Öllämpchen brannte, gegen ein
Hitlerbild aus. Der neue Gott wurde von der altern-
den Alleinstehenden anscheinend sehr verehrt, die
frischen Blumen ließen darauf schließen.

Die meisten deutschen Kunden erklärten uns,
nicht mehr länger von uns kaufen zu können; zwei
Deutsche dagegen kauften mehr als zuvor und
machten aus ihrer Einstellung kein Hehl.

Ein Teil meiner ehemaligen Mitschüler trug
braune Uniformen und bei Begegnungen schauten
sie an mir vorbei, was mir sehr recht war. Ich war
froh, daß sie nur an mir vorbeischauten. Sie hätten
mich ja auch ansprechen können. Sie taten es nicht.

Einige Tschechen erinnerten sich ihrer deutschen Mütter und Großmütter und waren plötzlich
Deutsche und Nationalsozialisten. Die in dieser

Zeit geborenen Kinder bekamen Vornamen neuen Stils. Adolf, Hermann, Horst und Mädchennamen aus den deutschen Heldensagen wurden große Mode. Leute mit slawischen Familiennamen hatten auf einmal deutsche Familiennamen, um nach außen hin deutscher zu wirken. Das Dirndl und weiße Zopfmusterstrümpfe, während der letzten Jahre ohnehin ein Symbol echten Deutschtums im Sinne des Nationalsozialismus, wurden einschließlich der BDM-Führerinnen-Frisuren übernommen.

Durch den günstigen Kurs der Reichsmark zur tschechischen Krone (1 RM = 8,33 Kc) war es den neuen Herren möglich, die Geschäfte innerhalb kurzer Zeit leerzukaufen. Anfangs waren die Kaufleute von diesem Aufschwung begeistert, doch bald mußten sie erkennen, daß sie für gute Ware schlechtes Geld bekamen, für das sie die verkauften Waren nicht mehr beschaffen konnten. Sie gaben Gold für Eisen. Und sie erkannten es zu spät. Einige kleine Läden wurden geschlossen, ihre Besitzer zogen entweder eine Uniform an oder wurden Beamte.

Als ich Anfang November 1938 unseren Stammfriseur aufsuchte, mußte ich warten. Zwei andere Kunden waren vor mir. Meister Kunz drückte mir den »Stürmer« in die Hand und empfahl mir, ihn zu lesen. Mit besonderem Vergnügen deutete er auf die Karikatur eines Juden und fragte, wie sie mir gefiele. Um eine Antwort war ich nicht verlegen, freilich war ich mir des Risikos nicht bewußt. »Die Herrenrasse ist natürlich schöner!« Kunz sagte nichts. Er schnitt mein Haar wie gewöhnlich und die übliche Friseurkonversation fiel ihm an diesem Tag sehr schwer.

Der tschechische Metzger Tonda Neumann kam nur knapp am Gefängnis vorbei. Er hatte im falschen Augenblick das Schild in seinem Schaufenster zitiert. Als eine Kundin wissen wollte, weshalb es nicht mehr die große Auswahl wie früher gäbe, antwortete er: »Wir danken unserem Führer.«

Der frühere Besitzer eines Konfektionshauses wandte sich an den eingesetzten kommissarischen Treuhänder um Hilfe. Der Treuhänder war von seinem jüdischen Chef mehr als zwanzig Jahre wie ein Sohn behandelt worden. Als Antwort auf den Hilferuf riet er seinem ehemaligen Chef, sich aufzuhängen. Der Rat wurde zwei Tage später befolgt.

10. November 1938
»Kristallnacht«

Gestern brannten die Synagogen. Sie brannten in Deutschland. Sie brannten in Österreich. Sie brannten in einem Teil der Tschechoslowakei. Bestand die Gefahr der Ausdehnung des Feuers, wurden sie durch Sprengungen zerstört. Die meisten jüdischen Geschäfte wurden demoliert. »Meine« Synagoge wurde geplündert. Feuer oder Sprengung wären wegen des schräg gegenüberliegenden Gaskessels gefährlich gewesen. Gebetbücher, Thora-

Der Friedhof in Ungarisch-Brod
während der Nazi-Zeit.
Dort sind meine Großeltern
Moritz und Kathi Gelb beerdigt.

rollen und Gebetsschals lagen zerfetzt auf der Straße. Das Buch, das die Juden seit zwei Jahrtausenden in der Zerstreuung zusammenhielt, wurde mit Stiefeln getreten. Die Orgel wird nicht mehr unsere Lieder am Sabbath und an den Feiertagen begleiten. Es wird auch keinen Sabbath, keine Feiertage und keine Lieder mehr geben. Nur zu Hause, solange es noch ein Haus gibt, wird Mutter Freitag abends die Sabbath-Lichter anzünden und Vater den Segensspruch über das Brot und über den Wein sprechen. »Lechem min Haaretz. Bore B'ri Hagofen.« Und dann wird meine Mutter, wie vorher auch, das in deutsch gedruckte Gebetbuch zur Hand nehmen und die Kapitel »Begrüßung des Sabbath« und »Gebet der jüdischen Frau« still für sich lesen.

Die Gebetbücher, Thorarollen und Schals aus der Synagoge wurden auf die Straße geworfen. Morgen werden sie vielleicht aus den Häusern auf die Straße geworfen. Nichts würde sich bei meiner Mutter ändern. Sie hätte ihre Gebete auch ohne Buch gesprochen.

Offiziell wird die Zerstörungsaktion der Nazis als spontaner Vergeltungsakt der »kochenden Volksseele« bezeichnet, als Antwort auf die Ermordung des Botschaftsrates vom Rath durch den siebzehnjährigen Herschel Grynszpan in Paris. Daß die Volksseele so gleichmäßig in drei verschiedenen Ländern kochte, war der meisterhaften Organisation der Verantwortlichen zuzuschreiben.

Ein offener Polizeiwagen fährt vor unserem Haus vor. Jüdische Männer sitzen auf dem Wagen, bewacht von Schupos in grüner Uniform. Zwei Schupos kommen die Treppe hoch. Meinem Vater wird erklärt, er werde in Schutzhaft genommen, damit ihm nichts passiere. Vermutlich wegen der »kochenden Volksseele«. Ich stehe neben der Tür. »Wie alt ist der Bengel?« fragt der Schupo. Mein Herz klopft ganz laut. Hätte Mutter mein Alter genannt, wäre ich ins Gefängnis mitgenommen worden. Der Schutz kam nicht von der Schutzpolizei, er kam von der Mutter.

Dezember 1938

Die jüdischen Männer sind aus dem Gefängnis entlassen worden. Sie hatten eine Erklärung zu unterschreiben, daß sie das deutsche »Reichsgebiet« innerhalb von acht Tagen verlassen und nie mehr betreten würden. Sie tun es. Mein Vater fährt von Neutitschein nach Ungarisch-Brod, dem Geburtsort meiner Mutter. Er liegt in Südmähren und ist durch Comenius bekannt. Der Gestapo müssen wir eine Liste des Umzugsguts zur Genehmigung vorlegen. Der Möbelwagen ist gepackt. Die Zollbeamten, die das Packen überwachen, verhalten sich korrekt. Es sind alte Beamte aus dem Reich, die vermutlich bereits während der Weimarer Republik ihren Dienst versehen hatten. Marie, unser tschechisches Hausmädchen, weint, als sie von uns Abschied nimmt. »Man weint doch Juden nicht nach«, sagt Tischlermeister Jirgal, der in unserem Haus wohnt und den Auszug nicht ganz ohne Schadenfreude beobachtet. In den vergangenen Jahren ist er immer so freundlich zu uns gewesen, seine Töchter Minna und Hildegard haben mit uns im Hof gespielt. Vielleicht weint man Juden wirklich nicht nach.

Ungarisch Brod

Am 27. Januar 1939 verlassen wir unser Haus in Neutitschein in der Hoffnung, in dem nicht besetzten Teil der ČSR ein Leben ohne Angst führen zu können.

Vater hatte inzwischen in Ungarisch-Brod, Masarykplatz 165, eine sehr alte Wohnung mit zwei Zimmern und Wohnküche besorgt. Sie ist für sechs Personen nicht gerade groß, doch wir sind froh, entkommen zu sein. In der Gewürz- und Samenhandlung Rudolf Holz beginne ich wieder zu arbeiten. Wenige Wochen später erlebe ich zum zweiten Mal den Einmarsch der deutschen Truppen. Es ist genau das gleiche Bild wie vier Monate früher in Neutitschein. Die öffentlichen Gebäude sind mit Hakenkreuzfahnen beflaggt. Die Motorräder, mit und ohne Beiwagen, stellen sich in einer Reihe auf dem Stadtplatz auf, die Autos daneben. Aus dem Masarykplatz, auf dem wir wohnen, wird über Nacht der Adolf-Hitler-Platz. Nur die Begeisterung von Neutitschein fehlt. Ungarisch-Brod hat nur wenige deutsche Familien. Vielleicht sind die Truppen etwas enttäuscht, doch sie erkennen den Unterschied: Während sich die deutschen Randgebiete »befreit« fühlten, fühlt sich die tschechische Bevölkerung »besetzt«. Mit Ausnahme der vereinzelten tschechischen Faschisten.[3]

Da es den Juden nur erlaubt ist, manuelle Arbeiten zu verrichten, nehme ich im Sommer 1939 eine Arbeit beim Straßenbau an. Am 1. September rollt auf »meiner« Straße eine unüberschaubare

Sechs solcher Schilder riß ich
in der Nacht im Kurort Luhatschowitz
heraus und warf sie in einen Bach
und in Büsche. Am nächsten Tag
standen sie wieder am gleichen Ort.

ŽIDŮM NEPŘÍSTUPNO

JUDEN NICHT
ZUGÄNGLICH

Meine Schwester Käthe
(im hellen Kleid) mit ihrer
Freundin Erika Roth,
1940 in Ungarisch-Brod.

Kolonne von Militärfahrzeugen – es ist der Anfang des deutschen Feldzuges gegen Polen.

1940

Im alten Judenviertel von Ungarisch-Brod diskutiert man. Im Café, im Haus, selten auf der Straße. Trotz des Blitzkrieges gegen die Polen ist man optimistisch. Ein Optimismus ohne sichtlichen Grund. Zweckoptimismus. Juden dürfen von 20 Uhr bis zum frühen Morgen nicht aus dem Haus. Einschränkungen beim Einkauf werden angeordnet: Juden dürfen nur zwischen 15 und 17 Uhr in die Geschäfte. Das Betreten der Parkanlagen ist Juden verboten. Jetzt arbeite ich beim Straßenbau in der Nähe des Kurortes Luhatschowitz. Mein Quartier während der Woche ist eine Bretterbude hinter dem Geräteschuppen. Von da aus gehe ich trotz der 20 Uhr-Sperre und des Verbotes, die Anlagen zu betreten, in den Kurpark. Ich zähle die Verbotsschilder »Für Juden verboten«. Es sind sechs an der Zahl. Später, gegen elf, reiße ich alle Verbotsschilder aus dem Boden und werfe sie teils ins Gebüsch, teils in einen Bach. Mein ganzer Mut war vergebens. Am nächsten Abend waren alle Schilder wieder da. Ein zweites Mal brachte ich den Mut nicht auf. Ich bin eben kein Held.

Die Arbeit beim Straßenbau ist eigentlich gar nicht so schlecht. Es ist eine konstruktive Arbeit und man sieht etwas. Die Straße führt durch einen Wald, nur fünf Minuten entfernt ist ein Stausee und nach der Arbeit kann man sich erfrischen. Und zum Kurpark sind es nur 20 Minuten zu gehen. Die Verbotstafeln übersehe ich einfach mit der Unbekümmertheit eines Zwanzigjährigen. Meine Arbeitskollegen, ausschließlich Tschechen, sind zu mir freundlich und ich werde von ihnen als vollwertig anerkannt. Sie nehmen mich sogar in die Akkordpartie, was als große Anerkennung gewertet werden kann. Und als ich das Fluchen richtig erlerne, bin ich »ihr Mann«.

Eines Tages fährt ein Mercedes Cabriolet an uns vorbei, in ihm sitzen drei Männer und zwei Frauen. Der Wagen kommt aus meiner Heimatstadt. In einem der Insassen erkenne ich den Sohn des Seifensieders Piesch, der andere ist der Sohn eines Rechtsanwalts. Die Gesellschaft hat vermutlich das Wochenende im Kurort verbracht. Ich sehe dem Wagen nach, bis er hinter einer Biegung verschwindet. Ich schaufle meinen Schubkarren voll und denke: Im Schweiße deines Angesichts ...

Der Straßenbau allein kann die Familie nicht ernähren. Die Reserven sind längst verbraucht. Der Umzug vieler jüdischer Familien aus Ungarisch-Hradisch bietet neue, zusätzliche Verdienstmöglichkeiten. Möbel werden transportiert, Brennholz gesägt und zerkleinert.

Mein Bruder Edi lernt das Schuhmacherhandwerk bei Meister Cingalek. Schon als Dreizehnjähriger richtet er sich im Holzschuppen eine

1941 in Ungarisch-Brod.
Ich bin 21 Jahre alt.

Schusterecke ein. Karli Langer, zehnjährig, war sein »Lehrling«. Er suchte jüdische Familien auf, bot ihnen die Reparatur von Schuhabsätzen an und sein »Meister« reparierte sie. Die Preise waren natürlich niedriger als bei Bata, denn mit dieser Weltfirma konnte er freilich nicht konkurrieren.

Der 20. April, der Geburtstag Adolf Hitlers, hat 1939 für mich eine andere Bedeutung als für die Nazis. An diesem Tage begegne ich meiner ersten Liebe. Viola ist achtzehn und ich bin sehr verliebt in sie. Sie kommt aus einem jüdisch-orthodoxen Hause, empfindet jedoch diese strenge Erziehung als übertrieben und unzeitgemäß. Wir treffen uns heimlich am Stadtrand und unternehmen von da aus Ausflüge mit dem Motorrad, das ich wegen meiner Arbeit beim Straßenbau noch behalten durfte. Für eine Tochter aus orthodoxer Familie ist es schon gewagt, mit einem jungen Mann spazieren zu gehen; Motorradfahren gilt als unmöglich.

1940 übersiedelt Viola mit ihren Eltern nach Prag. Als ich sie dort besuche, schlagen mir ihre Eltern vor, mit ihnen nach Palästina auszuwandern. Ich denke an meine Eltern und Geschwister und entscheide mich für meine Familie. Ich bin der älteste Sohn und muß bleiben.

Ende 1940 lerne ich Eva Bock kennen. Sie hat gerade, als Vorbereitung auf Palästina, eine Hachscharah, ein Praktikum auf einem landwirtschaftlichen Gut, hinter sich. Anfangs waren wir immer mit anderen jungen Leuten zusammen und diskutierten über Politik, Literatur, Philosophie. Auch mit Psychoanalyse beschäftigten wir uns. Freud und seine Traumdeutung hatten es uns besonders angetan. Es war zumindest ein Weg, einen Teil unserer Hemmungen zu beseitigen. Wir taten so, als verstünden wir alles, und versuchten, durch die soeben »erlesenen« Weisheiten die Mädchen zu beeindrucken. Es gab für uns damals wenig andere Möglichkeiten, so versuchten wir es im Geistigen. Und die Konkurrenz war damals sehr stark. Über Straßenbauarbeit zu reden, hätte vergleichsweise wenig Reiz gehabt.

Es gelingt mir, Eva zu beeindrucken. Wir mögen uns und sehen uns jeden Tag. Bei schlechtem Wetter gehe ich zu Bocks nach Hause und »lehre« Stenographie. Wie gut, daß ich stenographieren kann.

Das Jahr 1941 bringt für die Juden in Ungarisch-Brod nicht viel Neues. Die meisten Männer unter 45 Jahren werden zur Arbeit verpflichtet. Sie arbeiten am Bau, Straßenbau oder bei privaten Firmen als Hilfsarbeiter. Von Zeit zu Zeit gibt es Razzien durch die Gestapo. Einzelne werden verhaftet und in das Gestapo-Gefängnis nach Ungarisch-Hradisch gebracht. Später kommen sie ins Konzentrationslager.

Da Juden seit langem keine Radioapparate mehr besitzen dürfen, werden die neuesten Nachrichten der ausländischen Sender von Tschechen an sie weitergegeben. Im Café Smetana, dem einzigen offiziellen Treffpunkt der Juden in Ungarisch-Brod, werden sie diskutiert. Unter anderem erinnere ich mich an eine Nachricht, die besagte, daß die über Theresienstadt nach dem Osten deportierten Juden in Schwefelgruben arbeiten müßten und dabei keine Gasmasken trügen. Infolgedessen seien sie nach und nach vergiftet worden, lautete der Bericht.

Theresienstadt, die alte Festung und Militärstadt, ist der große Sammelplatz der Juden aus dem Protektorat Böhmen und Mähren und aus Deutschland.[4] Viele bleiben dort, hauptsächlich ältere Leute, für die meisten jedoch ist Theresienstadt ein Durchgangslager vor der Deportierung in eines der Vernichtungslager in Polen.

Anfang 1942 werden die meisten Juden aus Ungarisch-Hradisch nach Ungarisch-Brod übersiedelt. Die jüdischen Wohnungen sind überfüllt, die Lebensmittel werden immer knapper und die Nachrichten, die über das Schicksal der bereits Deportierten eintreffen, sind sehr schlimm.

Dennoch versuchen Eva und ich den Ernst der Situation zu bagatellisieren. Das fällt einem leicht, wenn man jung und zuversichtlich ist. Wir sind verliebt und glauben an das Glück. Trotz der drohenden Lage schmieden wir Pläne für unser künftiges Leben. Nach meiner Arbeit bis zur Acht-Uhr-Sperre bleibt uns nur eine Stunde Zeit, miteinander zu reden, zu träumen. Die Sperre wollen wir

Heirat mit Eva Bock
(geboren am 13.1.1921)
am 24.9.1942 in Ungarisch-Brod.
An der Todesrampe von
Auschwitz-Birkenau sah ich
sie zum letzten Mal.

nicht verletzen. Unsere Freunde Ilse Jellinek, Ernst Schön und Adolf Rosenfeld wurden schon deshalb verhaftet.

Im Jahre 1942 sind die Transporte, die über das Getto Theresienstadt rollen, in vollem Gange. Heute werden sie in einer Stadt zusammengestellt, morgen in einer anderen. Ein Entrinnen gibt es nicht. Auch für uns nicht. Ein Mann in Ungarisch-Brod hat Verbindung zu Leuten, die gegen Bezahlung Juden nach der Slowakei schmuggeln. Von dort kann man vielleicht über Ungarn und die Türkei nach Palästina gelangen. Mein Bruder Erich gibt die Adresse dieses Mittlers an einen jungen Mann namens Lazarowicz weiter. Drei Tage später wird mein Bruder verhaftet. Er wird verhört, ins Gestapogefängnis nach Ungarisch-Hradisch gebracht, dann nach Brünn. Ins berüchtigte Kaunitz-Kolleg – ein Gestapogefängnis mit Foltermethoden, wie sie im Mittelalter in der über der Stadt stehenden Festung Spielberg nicht schlimmer hätten sein können. Werden wir Erich je wiedersehen?

Meine Mutter weint sehr viel. Wir trösten sie, so gut es geht. Anfang September beschließen Eva und ich zu heiraten. Wir wollen auch nach dem Transport zusammenbleiben. Wir gehen zum Rabbiner und erledigen die Formalitäten. Die Trauungszeremonie steht im Zeichen der Zeit. Insbesondere lastet das Fehlen meines verhafteten Bruders auf uns, zumal wir nicht wissen, ob er noch lebt.

Wir ziehen in ein Untermietzimmer, genauer gesagt, in ein halbes Zimmer. Die andere Hälfte gehört dem Wohnungsvermieter und ist durch eine spanische Wand abgeteilt. In unserer Phantasie planen wir eine wunderbare Hochzeitsreise, die wir nach dem Krieg in ein fernes Land unternehmen wollen. Und wir träumen und träumen. Wir sehen nicht die Gefahr, die auf uns zukommt. Wir wollen sie nicht sehen. Wir lieben uns und vergessen für einen Augenblick den Krieg, die rollenden Transporte, die Gestapogefängnisse.

Am 24. Januar 1943 ist es so weit. Die Vorladung des Sicherheitsdienstes, die wir in Händen halten, beendet die monatelange Spannung. Wir haben uns am 27. Januar morgens in einer Schule in der Nähe des Bahnhofs einzufinden. Sämtliche Dokumente sind mitzubringen, ein Verzeichnis der in der Wohnung hinterlassenen Gegenstände ist anzufertigen. Zu Hause werden die letzten Vorbereitungen getroffen. Wir jungen Leute jedenfalls empfinden im Augenblick unser Schicksal als nicht besonders schlimm. Es trifft uns alle, wir sind zusammen, wir können arbeiten, wir haben ja immer gearbeitet. Und in Theresienstadt – weiter will keiner von uns denken – sind viele Bekannte, Verwandte und Freunde von uns. Weniger als es jetzt für uns zu essen gibt, wird es auch dort nicht geben.

In der Schule werden wir auf die einzelnen Klassenzimmer verteilt, werden registriert, und dieses Personalblatt mit allen möglichen Angaben wird uns von nun an begleiten. Am späten Nachmittag besteigen wir einen Personenzug, der uns nach Theresienstadt bringen soll. Zum ersten Mal werde ich numeriert. Die Nummer, die ich um den Hals trage, lautet CP 510.

Theresienstadt

Meine Familie im Jahr 1938:
In der oberen Reihe von links die
Brüder Edgar, Erich († 15.2.1943),
ich und Ernst († 7.3.1943).
In der unteren Reihe mein Vater
Jakob († 2.2.1943), meine Schwester
Käthe († 25.2.1943) und meine
Mutter Margarethe († 2.2.1943).
Nur mein Bruder Edgar und ich
haben überlebt.

Ende Januar 1943

Schleuse. Kaserne. Transitraum. Strohlager. Namen fallen. Zum Abtransport nach dem Osten. Umzug in eine andere Kaserne. Für eine Nacht. Strohlager. Ein dumpfigfeuchtes Gewölbe. Vollgepfercht mit Menschen. Nein, mit »Untermenschen«.

Osten – Arbeitseinsatz, sagt man. Bis auf meinen Bruder Erich, der bereits 1942 verhaftet wurde, sind wir alle zusammen: meine Eltern, meine Frau, zwei Brüder, meine Schwester, die Schwägerin. In acht Tagen werde ich dreiundzwanzig. Seit vier Jahren bin ich an Straßenbau und Steinbruch gewöhnt. Die letzten Wochen ans Sägewerk. Der Gedanke beruhigt mich. Es wird schon nicht so schlimm sein. Vater meint es auch. Er zahlte pünktlich Steuern. Für König und Kaiser war er im Ersten Weltkrieg drei Jahre an der Front. Hat sich nie etwas zuschulden kommen lassen.

Transportnummern werden verteilt und um den Hals gehängt. Meine Nummer ist jetzt CU 290. Tausend Frauen, Männer, Kinder. Schleppen sich. Nach Bauschowitz. Ein Personenzug wartet. Wir werden einzeln aufgerufen. Steigen ein. Zehn im Abteil. Etwas gedrängt. Kann doch nicht so schlimm sein: Personenzug.

Osten – Arbeitseinsatz. Einsatz? Warum nicht einfach Arbeit? Abfahrt. Es ist neun Uhr morgens. Wir sehen Trümmer, hören sächsisch. Entdecken Notizen an der Wand des Wagens. Abfahrt Theresienstadt 9.00 Uhr, dann Dresden, Bautzen, Görlitz,

Breslau, Brieg, Oppeln, Hindenburg. Dann nichts. Tag und Nacht. Auf der Strecke entdecken wir Juden. In Zivilkleidung. Mit Stern. Mit Schaufeln. Werfen Brot aus dem Fenster. Sie stürzen sich darauf. Stoßen sich. Arbeitseinsatz? Werden wir auch so aussehen? Handeln? Stoßen? Nochmals Tag. Und eine halbe Nacht. Der Zug hält kreischend an. Eintausend Männer, Frauen und Kinder. Die Begleitmannschaft umstellt den Zug. Wir haben im Zug zu bleiben. Nicht mehr lange. Eine Kolonne LKWs kommt. Starke Scheinwerfer erhellen plötzlich die Rampe. SS-Offiziere und Wachtposten stehen da. Wir sind an der Todesrampe von Auschwitz-Birkenau.[5]

Auschwitz-Birkenau

Mitternacht vom
1. zum 2. Februar 1943
Todesrampe

Alles aussteigen! Alles liegenlassen! Panik entsteht. Jeder versucht, so viel wie möglich in die Taschen zu stopfen. Die SS-Leute brüllen: Bewegung! Ein bißchen Dalli! Noch ein Hemd wird angezogen. Noch ein Pullover. Zigaretten. Vielleicht als Tauschobjekt. Männer auf diese Seite, Frauen auf die andere Seite, Frauen mit Kindern auf die LKWs. Männer und Frauen, die schlecht zu Fuß sind, können mit den LKWs mitfahren. Viele melden sich.

Der Rest wird in Fünferreihen aufgestellt. Eine Frau versucht, zu uns herüberzukommen. Sie will vermutlich ihren Mann oder Sohn sprechen. Ein SS-Mann reißt sie mit einem Spazierstock zu Boden. Am Hals. Sie bleibt liegen. Wird weggezerrt. Arbeitseinsatz?

Ein SS-Offizier steht vor uns. Obersturmführer. Wird von einem Posten so angesprochen. Vermutlich Arzt. Ohne weißen Kittel. Ohne Stethoskop. In grüner Uniform. Mit Totenkopf. Einzeln treten wir vor. Seine Stimme ist ruhig. Fast zu ruhig. Fragt nach Alter, Beruf, ob gesund. Läßt sich die Hände zeigen. Einige Antworten höre ich.

Schlosser – links.

Verwalter – rechts.

Arzt – links.

Arbeiter – links.

Magazineur der Firma Bata – rechts.

66

Es ist unser Bekannter. Büchler aus Bojkowitz. Schreiner – links.

Dann ist mein Vater an der Reihe. Hilfsarbeiter. Er geht den Weg des Verwalters und Magazineurs. Er ist fünfundfünfzig. Das dürfte der Grund sein.

Dann komme ich. Dreiundzwanzig Jahre, gesund, Straßenbauarbeiter. Die Schwielen an den Händen. Wie gut sind die Schwielen. Links.

Mein Bruder Ernst: neunzehn, Installateur – links.

Mein Bruder Edgar: siebzehn, Schuhmacher – links.

Ich versuche, meine Mutter, Frau, Schwester, Schwägerin zu entdecken. Es ist unmöglich. Viele Autos sind abgefahren.

Aufstellung in Dreierreihen. Ein SS-Posten fragt nach tschechischen Zigaretten. Ich gebe ihm welche. Er beantwortet meine Fragen. Die Kinder kommen in den Kindergarten. Männer können ihre Frauen sonntags besuchen. Nur sonntags? Das reicht doch! Es muß wohl reichen.

Wir marschieren. Auf einer schmäleren Straße. Wir sehen ein hell erleuchtetes Quadrat. Mitten im Krieg. Keine Verdunkelung. Wachtürme mit MGs. Doppelter Stacheldraht, Scheinwerfer, Baracken. SS-Wachen öffnen ein Tor. Wir marschieren durch. Wir sind in Birkenau.

Vor einer Baracke bleiben wir zehn Minuten stehen. Dann werden wir eingelassen. Aus dem Transport von eintausend Männern, Frauen und

Kindern sind es jetzt 155 Männer. Mehrere Häftlinge sitzen an Tischen. Geld und Wertgegenstände sollen abgegeben werden. Auch Verstecktes. Sonst gibt es harte Strafen. Aus meinem Hemdkragen trenne ich ein Stück auf. Eine Zehn-Dollar-Note. Von meinem Schwiegervater. Als Reserve für Notzeiten. Die Namen werden registriert. Ich frage, ob ich die Kennkarte behalten soll. Nein, heißt es. Wir bekämen neue. Wir kommen ins Freie. Dann eine andere Baracke. In einem Raum legen wir unsere Kleider ab. Nur Schuhe und Gürtel behalten wir. Sämtliche Haare werden abgeschnitten. Und abrasiert. Wegen der Läuse. Wir werden mit Cuprex eingesprüht. Kommen in einen sehr warmen Raum. Stufenartig angelegt. Wie eine Sauna. Wir sind nackt und freuen uns über die Wärme. Eigenartig sehen wir aus. Komisch. Glatzen, um den nackten Bauch einen Gürtel und wir haben Schuhe an. Ein Häftling in gestreifter Kleidung kommt herein. Stellt sich vor uns. Wir fragen nach den Frauen, Kindern. »Gehen durch den Kamin!« Wir verstehen ihn nicht. Wir halten ihn für einen Sadisten. Wir fragen nicht mehr.

Im Raum wird es immer heißer. Plötzlich wird eine Eisentür aufgerissen. Führt zu einem Nebenraum. Häftlinge brüllen: Bewegung, Dalli ... genau wie die SS an der Rampe. Das scheint die Lagersprache zu sein. Mit Stockschlägen werden wir in den eiskalten Raum unter die Brausen getrieben. Eiskalter Raum. Eiskaltes Wasser. Nach der warmen

Sauna. Beim Versuch, dem kalten Strahl auszuweichen, gibt es Stockschläge. Nach zehn Minuten wird das Wasser abgestellt. Handtücher gibt es nicht. Dafür Kleidung. Fremde Kleidung. Zivilkleidung mit einem breiten roten Strich auf der Rückseite der Jacke, je einem Strich an den Hosenbeinen. Scheint Ölfarbe zu sein. Es gibt eine Jacke, Hose, Unterhose, Hemd, Socken. Keinen Mantel. Keine Mütze.

2. Februar 1943

Mein Bruder Edgar ist groß. Einssechsundachtzig. Die Ärmel seiner Jacke sind zu kurz. Viel zu kurz. Er bittet um Umtausch. Bekommt einen Faustschlag ins Gesicht. Fällt auf den Betonboden. Ich helfe ihm auf die Beine. Die Jacke bleibt die gleiche. Das ist also der Arbeitseinsatz. Wie lange kann man das aushalten?

Wir treten draußen an. Warten eine halbe Stunde. Die Tür einer Desinfektionsanlage ist offen. Wir sehen zwei Häftlinge. Sie tasten die Kleidungsstücke nach eingenähtem Geld und nach Wertsachen ab. Das Geld werfen sie auf einen Haufen. Meistens Dollar-Noten. Scheinen hier wertlos zu sein. Wir warten und frieren. Endlich geht es weiter. Wir marschieren. Kommen in einen Block. Dreistöckige Bettgestelle. Für sechs Häftlinge eine Pritsche. Die Stubendienste brüllen: Marsch, marsch in die Betten, Schuhe unten stehen lassen. Wir klettern auf die Pritschen. Pritschen ohne Stroh und ohne Decken. Schlafen können wir nicht. Beten wir, schlägt jemand vor. Wir beten. Schema Israel...

Aufstehen, Bewegung, brüllen die Stubendienste. Einige von uns suchen verzweifelt nach ihren Schuhen. Viele finden sie nicht. Alte Schuhe, die nicht passen, sind da. Sie fragen die Stubendienste. Faustschläge sind die Antwort.

Uns alle beschäftigt nur die Frage: Wo sind unsere Eltern, Frauen, Geschwister? Wo sind die Kinder? Wo sind sie?

Vor dem Block antreten. Wir frieren. Es ist noch dunkel. Der Boden ist schlammig. Links von uns ist der Stacheldraht. Elektrisch geladen. Totenkopf. Darunter: »Lebensgefahr«. Ich bin verzweifelt. Schaufeln werden wir bekommen. Das eigene Grab schaufeln. Das sind meine Gedanken. Ich spreche sie aus. Mein kleiner Bruder tröstet mich. Ich sollte ihm Stütze sein. Elektrisch geladener Stacheldraht. Nur berühren – aus. Tut nicht weh. Mein kleiner Bruder fragt: Willst du mich allein lassen?

Vordermann! Seitenrichtung! Sauhaufen! Der Blockälteste schreit. Die Stubendienste schreien. Versuchen durch Stoßen die Reihen zurechtzurücken. Ein SS-Mann kommt. Der Blockälteste meldet die Zahl. Wir werden gezählt. Bleiben noch eine halbe Stunde stehen. Abmarsch in eine andere Baracke. Wir treten ein. Die Baracke ist ganz leer. Stehen herum. Eine andere Gruppe kommt wenige

Minuten nach uns. Juden aus Polen. Aus Pruszana. Ein Tisch wird hereingebracht. Mehrere Häftlinge in gestreifter Kleidung kommen. Mit Karteikarten. Mit Tätowiernadeln. Namen werden aufgerufen. Zum letzten Mal. Später werden nur noch die Nummern gelten. Der linke Unterarm ist das Namensschild. Edgar 99 727, ich 99 728, Ernst 99 729. Unser Einbrennstempel. Wie beim Vieh. Damit es nicht verloren geht. Die Häftlinge mit den Tätowiernadeln sind sehr gewandt. Das macht die Erfahrung. Beim neunundneunzigtausendsiebenhundertachtundzwanzigsten Mal hat man Erfahrung.

Wir warten noch eine Stunde. Treten draußen an. Wir marschieren wieder. In ein neues Lager. Zwei unübersehbare Reihen Pferdeställe. Überall Schlamm. Leicht gefroren. Das Lager ist menschenleer. Wir sind also die Pioniere. Das ganze Bild ist etwas gespenstisch. Zwei lange Reihen Baracken, Schlamm, Stacheldraht. Von weitem hört man das Geräusch von Dieselschleppern. Tuck, tuck, tuck, tuck... Die Betten kennen wir schon. Dreistöckig. Für sechs Personen. Keine Decken. Blankes Holz. Wir werden in die Betten befohlen. Hier befiehlt der Blockälteste. Ein Reichsdeutscher mit grünem Winkel: ein Krimineller.[6] Er spricht zu uns. Birkenau sei kein Sanatorium: Disziplin, Sauberkeit. Fleiß. Nur so könne man überleben.

Die Baracke hat an den Stirnseiten Tore. Auf einer Seite der Baracke ist der Schlafraum des Blockältesten. Hierher wird auch die Verpflegung

71

gebracht: Brot, Margarine, Marmelade, Suppe, eine schwarze Brühe, die man Kaffee oder Tee nennt. Auf der anderen Stirnseite ist ein Abort. Ein Häftling wird zum Scheißmeister bestimmt. Er hat hier für Ordnung und Sauberkeit zu sorgen. Seit gestern abend haben wir nichts zu essen bekommen. Inzwischen ist es Mittag. Seit zwei Stunden stehen wir zwischen zwei Blocks herum und tun gar nichts. Wir bewegen die Arme, hüpfen, nur um nicht zu frieren. Anfang Februar ohne Mantel. Ohne Hut. Ohne Essen. Ohne Eltern. Ohne Geschwister, Frauen. Ohne Heim. Ohne Hilfe. Ohne Hoffnung.

Es kommt der Abendappell. Bereits eine Stunde vorher üben wir das Antreten. Stillgestanden! Rührt euch! Der Blockführer kommt. Ein SS-Unteroffizier. Der Blockälteste meldet die Zahl. Wir werden gezählt. Nach dem Appell gehen wir in den Block. Wir bekommen eine Ration Brot. Ein Sechstel eines Kommißbrotes. Wenn wir arbeiten, bekommen wir mehr, heißt es. Einen Eßlöffel Rübenmarmelade und schwarze Brühe. Die guten Tischsitten sind dahin. Nach 24 Stunden. Die meisten essen gierig. Ich auch. Wir diskutieren. Wir sprechen von Kameradschaft, Solidarität. Unsere Glaubensbrüder aus Pruszana halten zusammen. Wir auch. Ein Instinkt, herausgebildet in zwei Jahrtausenden. Sich in der Not zusammenzuschließen. Wir schließen uns zusammen. Und doch sind wir zwei Gruppen. Aus Ost und West. Unsere Akzente sind verschieden. Vielleicht auch die Lebensgewohnheiten. Lebensgewohnheiten?

Es ist schon sehr finster draußen. Eine Trillerpfeife durchbricht die Ruhe. Rufe dringen zu uns. Postenkette einziehen! Ab jetzt dürfen wir den Block nicht mehr verlassen. Es wird auf jeden scharf geschossen. Die erste Nacht im Quarantänelager ist angebrochen. Auf Befehl der Stubendienste steigen wir auf die Pritschen. Wir drängen uns zusammen. Wegen der Wärme. Rechts von mir liegt Bobek Alt, links meine zwei Brüder. Ich weine und bete. Beides tue ich heimlich. In vier Tagen werde ich dreiundzwanzig. Und weine. Meine Eltern... Schema Israel Adonaj Elohenu...

3. Februar 1943

Aufstehen! Bewegung! Die Stubendienste laufen zwischen den Bettreihen. In der Hand haben sie kurze Stöcke. Vorläufig werden diese gegen die Holzpritschen geschlagen. Eine Art Gong. Waschen! Wir gehen zwei Blocks weiter. Dort gibt es einen Wasserhahn im Freien. Es kommt kein Wasser. Vielleicht eingefroren. Wir gehen in den Block zurück. Es gibt schwarze Brühe, sonst gar nichts. Dann heißt es zum Appell antreten. Wie gestern abend. Der Temperaturunterschied zwischen Block und Feld ist groß. Besonders morgens spüren wir ihn stark. Frieren wir, und wir frieren oft, umarmen wir uns und reiben gegenseitig unsere Rücken mit den Händen. Wir reiben uns warm und müde.

Wir stellen uns in Fünferreihen auf. Stehen und warten. Eine Stunde. Der Blockälteste kommt heraus. Die Stubendienste, die uns auf Vordermann und Seitenrichtung brachten, bilden die erste Fünferreihe. Eine Art Prominenz. Für ein Stückchen Brot versehen sie diesen Dienst. Ein Stückchen Brot bedeutet viel in Birkenau. Brot ist das häufigste Wort in unseren Gesprächen. Wenn jemand Brot sagt, hören sofort alle gespannt zu. Wir warten auf Brot seit dem Aufstehen. Vielleicht werden wir schon bald arbeiten, dann gibt es mehr.

Der Blockführer kommt. Stillgestanden! Block 18 angetreten mit soundsoviel Häftlingen, meldet der Blockälteste. Seine Meldung ist zackig und knapp. Diesen Ton muß man sich merken. Alle »Alten« sprechen hier so. Uniform, ja, die Uniform wird es sein. Sei es nur die Uniform eines Häftlings. Eines Häftlings mit grünem Winkel. Noch leben alle. Die Rechnung stimmt. Rührt euch!

Bis Mittag stehen wir draußen. Dann gibt es Rübensuppe. Wir haben Blechtöpfe, die einen dreiviertel Liter fassen. Nachmittags bekommen wir Leinenstreifen, Nadeln und Zwirn. Wir schreiben unsere Häftlingsnummern darauf. Davor zeichnen wir einen Davidstern. Jetzt sind wir fertig numeriert. Auf der Haut und auf der Jacke. Der Nachmittag ist ruhig. Der Wasserhahn funktioniert. Es gibt Wasser zum Waschen. Nur zum Waschen. Wir trinken trotzdem. Wir waschen nur das Gesicht und die Hände. Handtuch gibt es nicht.

4. Februar 1943

Der dritte Tag bringt etwas Neues. Wir bleiben nach dem Appell zwischen Block 18 und 19 stehen. Wir kommen auf Block 19. Auch Block 20 ist belegt. Ein Judentransport aus Berlin. Tätowierte Nummern – 100 000. Wo sind die 99 000? Wo sind sie? Wie viele sind wohl nicht registriert worden?

Jetzt sind insgesamt drei Blocks belegt. Dreimal vierhundert – macht zwölfhundert. An der Zahl gemessen ein ansehnliches Dorf – in drei Pferdeställen. Tagsüber taut der gefrorene Schlamm zwischen den Blocks auf. Befehl zum Läuseappell: Hemd ausziehen. Läuse suchen! Fleckfiebergefahr. Deshalb die Quarantäne. Wir suchen – finden keine. Ein Häftlingsarzt kommt. Sieht gleichfalls nach Läusen. Auch er findet keine. Der Blockälteste kommt. Antreten in Dreierreihen. Block 19, vorwärts Marsch! Im Schlamm geht es sehr schwer vorwärts. Er kommandiert Laufschritt. Nimmt wegen des Schlamms das Kommando wieder zurück. Mein Nachbar, Dr. Rabinowitsch verliert seine Galoschen – Schuhe hat er keine, man hat sie ihm gestohlen. Es ist unmöglich, diese aus dem Schlamm hervorzuziehen. Er läuft jetzt – die Füße in Fußlappen gewickelt. Die verliert er auch. Nein, wir frieren jetzt nicht. Die Bewegung und die Aufregung, was nun kommt oder kommen kann, machen uns warm.

Denkt wohl Erwin Rosenblum, den alle Ružička nennen, was zu deutsch Röslein bedeutet, auch jetzt noch an das Grand Hotel Pupp in Karlsbad und die feinen Menüs, die er dort vor dem Krieg genoß?

Heute morgen hielt er uns einen Vortrag über seinen Aufenthalt in Karlsbad. Die einen hielten es für Sadismus. Die anderen ließen ihm die Freude zurückzublicken. In eine Zeit ohne Stacheldraht. Ohne Schlamm. Ohne Hunger.

Jetzt sind wir da. Ein Stacheldrahtzaun. Innerhalb eines großen Stacheldrahtzaunes. An einer Stelle ein Durchschlupf. Fünfzig Zentimeter vom Boden. Bückt man sich, kann man durchkriechen. Wir robben uns durch. Dem Blockältesten geht es zu langsam. Mit Fußtritten hilft er nach. Wir sind an einer Kiesgrube, Häftlinge in gestreifter Kleidung schaufeln Kies. Abgemagert. Blutunterlaufene Wunden. Ein Kapo brüllt und schlägt die Häftlinge mit einem Schaufelstiel. Es sind eigentlich wandelnde Skelette. Ob wir wohl auch einmal so aussehen werden?

Bewegung, ruft der Blockälteste. Jacken ausziehen! Verkehrt anziehen! Gegenseitig knöpfen wir uns die Jacken zu. Die Knöpfe sind am Rücken. Verrückt, denke ich. Wir haben das Rückenteil der Jacke mit Kies aufzufüllen. Mit den Händen. Manche nehmen nicht genug. So meint der Blockälteste. Mit dem Fuß tritt er die Häftlinge in die Bauchgegend. Neuer Kies. Dann ist er zufrieden. Der Kapo von der Kiesgrube kommt an den Stacheldraht. Wir haben durchzukriechen. Mit dem Kies. Es ist nicht leicht. Stützen wir uns, fällt der Kies heraus. Jeder, der durchkriecht, erhält einen oder zwei Stockhiebe. Von dem Kapo. Mit dem Schaufelstiel. Wer den Kies verschüttet, muß nochmal zurück. Neuer Kies. Neue Hiebe. Wie lange kann man das aushalten?

Zurück zum Block. Der Kies wird zwischen Block 18 und 19 geschüttet. Zur Trockenlegung des Schlammes. Vierhundert Häftlinge – vierhundert Schaufeln Kies. Ein Tropfen auf den heißen Stein. Das sinnlose Spiel wiederholt sich noch zweimal.

5. Februar 1943

Wir müssen nur noch zweimal Kies holen. Eigentlich empfinde ich es jetzt nicht mehr so schlimm. Es ist alles Gewöhnung. Auch an Schläge kann man sich gewöhnen. Bei unserer Rückkehr wartet der Lagerkapo auf uns. Er ist ein Asozialer, er hat einen schwarzen Winkel. Er hat sich ein seltsames Spiel ausgedacht. Spießrutenlaufen. Mit dem Kies. Zwei Reihen Häftlinge, ungefähr zehn auf jeder Seite, stehen mit dem Gesicht zueinander. In den Händen halten sie Schaufelstiele. Die übrigen müssen durchlaufen. Und müssen geschlagen werden. Ich werde den Schlagenden zugeteilt. Ich hole zum Schlag aus, ohne in Wirklichkeit zu schlagen. Ich bemerke nicht, daß mich der Kapo beobachtet. Unter seinem Schaufelstiel breche ich zusammen. Mein Rücken tut weh. Mit zehn Berlinern mache ich viel mehr als mit euch, ihr Saubande!

Das ist also Quarantäne. Eine Art Tauglichkeitsprüfung. Eine Elite. Eine Elite der Skelette. Denn es kann nicht mehr lange dauern. Wir sind auf dem besten Wege. Die kalorienarme Wasserkost und das nicht trinkbare Wasser sind Ursache des Durchfalls. Der Andrang zur zweisitzigen Latrine ist groß. Der Scheißmeister hat keine Not. Wer ihm eine Scheibe Brot zusteckt, wird vorgelassen. Wer keines hat, muß warten. Bis es zu spät ist. Von da an wird er immer etwas Brot aufbewahren. Als Maut.

Die Kranken knien vor den Ofentüren und greifen in den Ofen. Verbranntes Holz soll die Tierkohle ersetzen. So gibt es vor dem Ofen ein Gedränge und Streit.

Wir treten zum Abendappell an. Dann gibt es Brot und Margarine. Wir bekommen Decken. Richtige Decken. Bunte Decken. Keine einheitlichen Farben. Sie stammen aus einem Transport aus Holland. Das Einnähetikett ist ein Beweis dafür. Jeder bekommt eine Decke. Alle sind glücklich. Vielleicht werden wir wirklich gebraucht. Osten – Arbeitseinsatz. Wir haben Decken. Zwei Decken aufeinander wärmen besser. Bobby Alt und ich schlafen unter zwei Decken. Warmen Wolldecken. Aus Holland. Decken, deren Besitzer möglicherweise nicht mehr am Leben sind. Jetzt können wir sogar die Kleider ausziehen. Wir legen sie unter den Kopf.

6. Februar 1943

Heute bin ich dreiundzwanzig. Meine Brüder gratulieren. Nächsten Geburtstag in Freiheit! Die Freunde schließen sich an. Ich habe Mühe, die Tränen zu unterdrücken. Härte macht nicht hart. Zumindest nicht mich.

Appell. Läuseappell. Kiesholen. Schläge. Gegen Mittag hören wir ein großes Geschrei aus dem Nebenblock. Ein Häftling hat aus einer Decke ein Stück herausgeschnitten. Für Fußlappen. Alle drei Blocks antreten! Alle für einen, brüllt der Blockälteste. Sabotage! Volksschädling! Der Saboteur liegt zusammengeschlagen vor dem Block. Er wird nicht mehr lange leben. Zwischen den Blockreihen, auf der breiten schlammigen Lagerstraße treten wir an. Lagerälteste, Stubendienste, Blockälteste laufen aufgeregt und brüllend hin und her. Sie stoßen und schlagen. Jetzt sind sie zufrieden. Um einen Sonderappell kann es sich nicht handeln. Alle stehen zusammen. Durcheinander. Die Spannung steigt. Was wird wohl kommen? Der Lagerälteste mit dem schwarzen Winkel übernimmt das Kommando. Stillgestanden!

Er droht mit hundert Stockhieben, mit Stehbunker, Entzug der Verpflegung, falls sich der Fall wiederholen sollte. Jetzt läßt er uns in die Kniebeuge gehen. Aufstehen! Kniebeuge! Auf! Kniebeuge! Auf! Kniebeuge! Vorerst bleibt es bei diesem Befehl. Unsere Blechnäpfe, die an unseren Gürteln baumeln, versuchen wir als Sitz zu verwenden. Wer erwischt wird, bekommt Schläge. Nach einer Stunde kippen die ersten um. Stubendienste helfen mit Stockhieben nach. Die Kälte, der Hunger, die Kniebeugen. Nach sieben Stunden dürfen wir in die Blocks. Die Liegengebliebenen werden zur Seite geschleift. Vor den Block gelegt. Sie werden zum Appell nicht mehr antreten müssen. Sie werden liegend gezählt. Behandelt wie die Toten. Die Blockschreiber notieren sich ihre Nummern. Den Blockältesten werden heute mehrere Portionen übrigbleiben. Auch Margarine. Oder Wurst. Ja, es war mein dreiundzwanzigster Geburtstag. Ich werde ihn nicht so schnell vergessen.

7. Februar 1943

Viele haben Fieber. Wer muß zum Arzt? ruft der Stubendienst. Viele melden sich. Stehen an der Außenwand des Nebenblocks gelehnt. Manche setzen sich. Sie warten eine Stunde. Oder länger. Die Zeitbegriffe sind uns allen verlorengegangen. Wir sehen nur, ob es hell oder dunkel ist. Noch kein Tag mit Sonne. Nur Wolken. Graue Wolken. Wolken, hinter denen wir keine Sonne vermuten. Die Kranken werden jetzt weggeführt. Sie schleppen sich mühsam durch den Schlamm. Wir sehen sie nicht wieder.

Dem Blockältesten erscheint das Kiesholen wenig sinnvoll. Der Raum zwischen den Blocks ist immer noch schlammig. Heute marschieren wir in eine andere Richtung. Wir müssen unsere Jacken nicht mehr verkehrt anziehen. Wir marschieren zu einem Baugelände besonderer Art. Alte Häftlinge, mit denen wir einen Augenblick flüsternd sprechen können, verraten uns: Krematorium. Endstation. Ein bißchen Asche. Verstreut über die Felder in einem fremden Land.

Wir haben jeweils vier Ziegelsteine zu nehmen. Dies muß heimlich geschehen. Man nennt es organisieren. Es ist nicht leicht, vier Ziegelsteine auf einmal zu tragen. Nicht in diesem Zustand. Nicht alle waren Straßen- und Bauarbeiter. Ziegelsteine in Freiheit sind nicht so schwer. Um den Block soll ein Ziegelsteinstreifen gelegt werden. Besser als Kies. Für uns. Es gibt weniger Schläge.

Dr. Beck aus Ungarisch-Brod versteckt sich heute im Block. Mit hohem Fieber liegt er auf der untersten Pritsche. Zum Appell schleppen wir ihn heraus. Wir stützen ihn. Am nächsten Tag liegt er im Sterben. Zwei Mithäftlinge versuchen, dem Sterbenden die Schuhe auszuziehen. Er hat gute Schuhe. Schuhe bedeuten viel. In diesem Schlamm. In dieser Kälte. Die Häftlinge stoßen aneinander. Der Stärkere gewinnt. Wenige Minuten später lebt Dr. Beck nicht mehr. Wir sprechen das Kaddisch, das Totengebet. Er wird vor den Block gelegt. Beim Appell mitgezählt. Er ist nicht der einzige. Ihm folgen mehrere aus anderen Blocks. Ein Leichenkommando kommt. So geht es jeden Tag. Immer mehr und mehr. Schläge. Durchfall. Fieber. Jetzt weiß ich, was Quarantäne bedeutet. Ein Sieb mit großen Löchern. Viele fallen durch.

So vergeht Tag für Tag. Tote. Tote. Tote. Hunger und das Wasser verringern unsere Reihen. Zur Ergänzung unseres Blocks kommen holländische Juden zu uns. Sie sterben wie die Fliegen. Die Juden aus Polen sind am widerstandsfähigsten. Vielfach Handwerker oder Arbeiter. Auch körperlich sind sie besser dran. Nicht so verweichlicht wie die Holländer oder Tschechoslowaken.

Der Tag ist ausgefüllt mit Herumstehen zwischen den Blocks, mit Läuseappell, Essen. Zum Essenholen werden die noch nicht so sehr abgemagerten Häftlinge bestimmt. Oft versuchen sie, unbemerkt in den Kessel zu greifen. Kartoffeln kann man am besten organisieren. Man stopft sich eine in den Mund. Natürlich gibt es auch hier Schläge. Das nimmt man schon in Kauf.

Die Nachtwache im Block schlägt Alarm. Ein Häftling aus Pruszana ist in den Raum des Blockältesten eingedrungen. Zwei Würfel Margarine sind die Beute. Die Schreie, durch die Schläge des Blockältesten ausgelöst, wecken den ganzen Block. Kameradschaftsdiebstahl! brüllt der Blockälteste. Morgen sprechen wir uns noch! Zitternd klettert der Dieb auf seine Pritsche. Er wollte ja nur Gestohlenes stehlen. Gestohlen von den Rationen der Häftlinge – durch den Blockältesten.

Nach dem Morgenappell wird uns ein Schauspiel geboten. Der Block ist angetreten. Die Arena ist der Raum zwischen Block 18 und 19. Der Tiger, ein baumlanger Blockältester aus einem Nebenblock. Seine Pranke ist berüchtigt. Holt er zum Schlag aus, tut er es in Lederhandschuhen. Wegen des Effektes. Des Schalleffektes. Bisher beobachtete ich nur einen, der nach einem Schlag von dem Baumlangen nicht umkippte. Und das lohnte wirklich nicht. Dieser Mißerfolg brachte den Mann mit dem harten Schlag in Wut. Sein Prestige war gesunken. Er arbeitete nie ohne Zuschauer.

Erst spricht der Blockälteste. So ergeht es jedem … Kameradschaftsdiebstahl … Der Delinquent steht mit blutunterlaufenem Auge vor dem angetretenen Block. Zehn Meter seitwärts ist eine Grube. Etwa drei Meter tief. Mit Grundwasser. Der Boden ist an diesem Tage schlammig. Die Pranke des Tigers erhebt sich zum ersten Schlag. Er schlägt zu. Das Opfer geht zu Boden. Das wiederholt sich mehrere Male. Jetzt sind es nur noch zwei Meter zur Grube. Nun erkennen wir die Absicht. Bestenfalls zwei Schläge. Nein, einer reichte. Mit Geschrei stürzt unser Mithäftling in die Grube. Niemand darf ihm helfen. Eine Stunde später sehen wir ihn schlammverschmiert aus der Grube steigen.

Jeden zweiten oder dritten Tag kommt ein Häftlingsarzt. Der Block hat anzutreten, die Hemden werden nach Läusen durchgesehen. Wir haben die Zungen herauszustrecken. Wer eine belegte

Zunge hat, wird aufgeschrieben und angeblich in den Krankenbau im Hauptlager Birkenau gebracht. Viele kommen fort. Keiner kehrt zurück. Unsere Reihen lichten sich.

5. März 1943

Mein Bruder Ernst bekommt Durchfall. Er hat hohes Fieber. Der Häftlingsarzt ist wieder da. Wir treten an. Strecken die Zungen heraus. Ich stehe in der ersten Reihe. Diese hat nach der Kontrolle vorzutreten. Edgar ist in der zweiten. Ernst in der dritten. Seine Zunge ist stark belegt. Der Arzt und der Blockälteste sind gerade am anderen Ende des Blocks. Blitzschnell reiße ich Ernst nach vorne. Tausche mit ihm den Platz. Für heute ist die Gefahr vorüber.

Nacht vom 5. zum 6. März 1943

Ernst hat immer noch hohes Fieber. Seine Lippen sind trocken und aufgesprungen. Er verlangt Wasser. Wir geben ihm zu trinken. Die Nacht bricht herein. Wir haben zwei Becher für die Nacht. Wir stellen sie ans Kopfende der Pritsche. Bitten den Nachbarn, das Wasser nicht zu nehmen. Trotzdem ist das Wasser eine halbe Stunde später nicht mehr da. Im Block gibt es kein Wasser. Verläßt man nachts den Block, wird scharf geschossen. Der Stacheldraht ist nur zwei Meter vom Block entfernt. Wasser, Wasser, Wasser ... Wir haben keines. Unser Mithäftling hat es getrunken. Trotz seines Versprechens.

6. März 1943

Aufstehen! Zum Appell antreten! Pepa Brammer zieht seine gefütterte Jacke aus. Es ist ein großes Glück, solch eine Jacke zu besitzen. Er gibt sie Ernst. Er nimmt dafür seine dünne Jacke. Edgar und ich umarmen Pepa. Wir kennen ihn von zu Hause. Die Tränen können wir nicht unterdrücken. Es ist ja selbstverständlich, wehrt Pepa ab. Nein, es ist nicht selbstverständlich. Nur wenige würden dies tun. Pepa gehört zu den wenigen. Edi würde es auch tun. Ich – ich weiß es nicht. Wir stützen Ernst und treten zum Appell an. Bleiben in der fünften, letzten Reihe. Aus Sicherheitsgründen. Der Blockführer kommt. Wir ermutigen Ernst. Nur zehn Sekunden! Nur zehn Sekunden! Auf die kommt es an. Dann sind wir durch! Wir lassen Ernst los. Der Blockführer ist vorbei. Damit auch die augenblickliche Gefahr. Bis zum Abendappell. Auch da geht es gut.

7. März 1943

Zwanzig Häftlinge werden zum Deckenholen im Hauptlager ausgesucht. Edgar und ich sind auch dabei. Ernst haben wir auf einer der untersten Pritschen versteckt. Mit Decken zugedeckt. Wir werden ja bald zurück sein. Zehn Minuten hin – zehn Minuten Aufenthalt – zehn Minuten zurück. In einer halben Stunde könnten wir zurück sein. Wir marschieren ins Hauptlager. Bei der Kleiderkammer bleiben wir stehen. Wir warten zwei Stunden.

Wir sind ungeduldig. Ernst ist ja allein. Dann bekommen wir die Decken. Jeder von uns zehn. Wir gehen zurück. Eine Gruppe von Häftlingen steht an einer Blockwand. An der Blockwand des Blocks 18. Von hier aus werden die Kranken abgeführt. Es ist ein Wartesaal des Todes. Wir kommen näher. Erkennen den Blockschreiber. Den Lagerkapo. Ernst. Er zittert. Wir wissen es jetzt. Ein SS-Arzt war inzwischen hier. Eine Selektion. Edgar und ich flehen den Blockschreiber namens Wertheimer an, die Karte 99 729 verschwinden zu lassen. »Glaubt ihr, ich gehe für euch ins Gas?« lautet seine Antwort. Wir dürfen uns nicht verabschieden. Wir winken. Die ungefähr zwanzig Todeskandidaten werden abgeführt. Wir weinen. Andere trösten uns, er käme in den Krankenbau.

10. März 1943

Ein SS-Arzt kommt. Er ist in Begleitung einiger SS-Unteroffiziere. Wir müssen uns nackt ausziehen. Breitbeinig steht er am Tor des Blocks. Einzeln haben wir nackt vorzutreten. Fünf Meter laufen wir. Dann bleiben wir stehen. Zeigen die Zunge vor. Die meisten passieren. Einige werden abgeführt. Jetzt kennen wir die Prozedur.

Eine halbe Stunde später werden wir zum Baden geführt. Wir freuen uns. Es ist ein Brausebad. Warmes Wasser. Seife, auf der die Buchstaben RIF eingeprägt sind. Manche behaupten, es bedeute *Rein Jüdisches Fett.*[7]

Wir gehen ins Freie. Der eisige Wind verrät noch nichts vom nahenden Frühling. Wir treten an. Wieder einmal Läuseappell. Mit nacktem Oberkörper stehen wir zwei Stunden da.

12. März 1943

Wieder fallen viele durch die Löcher des Siebes. Ein Tag gleicht dem anderen. Wir bemerken einen schwarzen Menschenstrom, der sich uns durch die breite Lagerstraße nähert. Es ist ein Zigeunertransport. Männer, Frauen, Kinder. Sie bleiben zusammen. Behalten ihre eigenen Kleider. Ohne Desinfektion. Sie werden in mehreren Blocks untergebracht. Man hört deutsch, tschechisch oder die Zigeunersprache.

Am nächsten Tag betrete ich einen Block. Kinder schreien, Frauen weinen, Männer fluchen. Ich erkenne einen Zigeuner, mit dem ich vor der Deportierung in Ungarisch-Brod in einem Sägewerk arbeitete. »Ihr kommt ins KZ, ihr Juden«, sagte er vor drei Monaten zu mir. Etwas schadenfroh. Heute sind wir beide hier. »Hast du Brot für mich?« Er nickt. Ich darf in seine Manteltasche greifen. Dort finde ich Brotbrösel. Ich stopfe sie in den Mund. Mit dem Schmutz aus der Tasche. Welch' Glück. Ich bedanke mich. Ich bedanke mich nochmals. Er weiß nicht, daß er nach wenigen Tagen selbst nach Bröseln suchen wird.

Der Hunger wird immer schlimmer. Ich esse die Kartoffel mit der Schale. Diejenigen, die noch die Kraft besitzen, die Kartoffeln zu schälen, behalte ich besonders im Auge. Ich bettle um ihre Kartoffelschalen. Ich esse sie. Nein, ich esse sie nicht. Ich verschlinge sie gierig. Wie ein Vieh. Als ob ich Angst hätte. Vielleicht vor dem Neid der übrigen Schalenesser. Es gibt mehrere. Früher konnte ich kein Wasser aus einer Tasse trinken. Nur aus einem Glas. Tiefer geht es nicht mehr. Ich schäme mich. Und beobachte scharf, wer Kartoffeln schält.

15. März 1943

Die sechs Wochen Quarantäne sind vorbei. Wir bleiben im Block und warten. Ein SS-Arzt und drei SS-Unteroffiziere sind da. Es ist die gleiche Prozedur wie vor wenigen Tagen. Laufen. Zunge zeigen. Einige bleiben zurück. Wir stellen uns auf. Marschieren. Nach einer Stunde kommen wir im Hauptlager Auschwitz an. Über dem Tor die Aufschrift »Arbeit macht frei«.

»Augen links«. Zu Ehren unserer Bewacher in SS-Uniformen, die neben dem Tor stehen. Zählen im Vorbeimarsch. Wir kommen in den Block 1. Desinfektion und Brausebad. Unsere Wäsche und Kleider werfen wir auf einen Haufen. Wir bekommen Stockschläge von den »alten« Häftlingen, die hier regieren, ein Brausebad, frische Wäsche, gestreifte Häftlingsuniform, Häftlingsmantel, Mütze. Vor dem Block treten wir an. Ein Häftling vom Arbeitseinsatz kommt. Arbeitseinsatz. So hieß es doch in

Theresienstadt. Hat also doch gestimmt. Osten eigentlich auch. Den Stacheldraht und die Gaskammern hat man nicht erwähnt. Es würde wohl die Disziplin stören.

Wir werden nach dem Beruf gefragt. Straßenbauarbeiter. Ich bleibe dabei. Ich komme auf Block 17. Mein Kommando heißt Huta-Betonbau. Ein brüllender Blockältester. Jeder wird einzeln angebrüllt. Ordnung, Disziplin, Sauberkeit! Verstanden? Ja! antworte ich. »Jawoll« heißt es. Ich bekomme eine Ohrfeige. »Jawoll«, wiederhole ich.

Die Stube ist sehr sauber. Dreistöckige Einzelbetten. Strohsäcke. Decken. Warm. Eine Wohltat nach Birkenau. Wir sind alle sehr optimistisch. Vielleicht macht uns der Spruch »Arbeit macht frei« optimistisch.

Um 5 Uhr 30 werden wir geweckt. Der Waschraum ist sauber, die Toiletten auch. Wir bekommen eine Art Pfefferminztee und treten dann zum Morgenappell an. Bei »Stillgestanden« herrscht Stille im ganzen Lager. Mehrere Blockführer sind mit dem Zählen beschäftigt. Dann treten die Arbeitskommandos an.

Mein Kommando hat seinen Sammelplatz auf der Lagerstraße, unweit der Küche. Dann beginnt der Ausmarsch der einzelnen Kommandos. Ich suche nach meinem Bruder Edgar. Er hat sich als Schuhmacher gemeldet. Ich werde ihn schon finden. Abends werde ich die Blocks mit Neuzugängen absuchen. Er wird sicherlich das gleiche tun. Eine Musikkapelle spielt Marschmusik. Könnte in jedem Kurort spielen. So gut ist sie. Es sind alles Häftlinge. Jetzt sind wir dran. Wir marschieren so stramm es nur geht. Links, links, links, links ... Vor dem Tor heißt es »Mützen ab! Augen rechts!« Für diesen Augenblick sind wir in Birkenau gedrillt worden. Dafür klappt es jetzt. Mein Nebenmann, ein etwa dreißigjähriger Häftling aus Pruszana, hat Magenkrämpfe. Er kann den Gleichschritt nicht halten. Der Kapo, ein Reichsdeutscher mit grünem Winkel, bemerkt es. Erkundigt sich. Mein Nebenmann spricht von Magengeschwüren, von zu Hause, von Diät. Kapo Helmuth, er wird inzwischen vom Oberkapo so angesprochen, verspricht baldige Hilfe. Er habe ein gutes Mittel. Der Kranke freut sich über so viel Hilfsbereitschaft. Ich auch. Bis Mittag wird es sicher wieder gut.

Wir treffen am Arbeitsplatz ein. Kanalbau. Großbaustelle. Geräteschuppen. Schaufeln und Pickel werden verteilt. Wir gehen an die Arbeit. Zivilmeister und Vorarbeiter zeigen uns den Weg. Der Kranke bleibt mit Kapo Helmuth zurück. Kurz darauf höre ich Schreie. Ein Schaufelstiel war das gute Mittel. Um elf kommt der Leichenwagen.

Die Arbeit besteht aus Erdarbeiten, Zementholen, Betontransport. Die Mischmaschine ist ungefähr zweihundert Meter von der Schüttstelle entfernt. Der Beton wird in Loren befördert. Drei Mann – eine Lore. Auf Schienen. Mit mir zwei ehemalige tschechische Gendarmen. Roter Winkel. Politisch. Hilfsbereit. Kameradschaftlich. Der Zivilmeister ist ein Schlesier. Wir schütten Beton in eine Schalung. Der Transport hat im Laufschritt zu erfolgen. Zum Glück geht es mit der vollen Lore bergab. Mit der leeren kann man leichter laufen. Glauben wir uns unbeobachtet, verlangsamen wir das Tempo.

Beim Zementholen muß die Hauptstraße überquert werden, die in die Stadtmitte von Auschwitz führt. Ich erkenne die Straße wieder. Als Sechzehnjähriger verbrachte ich in Auschwitz einen Urlaub; in einem Auschwitz ohne Stacheldraht und Gaskammern. Ich denke an die Spaziergänge mit jungen Leuten zum Sola-Fluß, an Heimabende in einem Jugendclub, an das erste Mädchen, für das ich schwärmte und das in dieser Stadt zu Hause war. Es sind schöne und schmerzliche Erinnerungen zugleich. Für einen Zloty fuhr ich damals mit einer Pferdedroschke vom Bahnhof in die Stadt. Es war ein großes Erlebnis für mich. Es war die erste Reise, die ich allein machen durfte. Nach Auschwitz. Sollte die jetzige meine letzte sein? Ich versuche, nicht darüber nachzudenken. Ich will jetzt auch nicht denken. Nur überleben. Um jeden Preis. Um jeden Preis?

Der Blockschreiber bringt eine gute Nachricht. Wir dürfen an Verwandte eine Postkarte schreiben. An die wenigen, die nicht deportiert worden sind. Ich

schreibe an meine Schwägerin. Sie ist die Stief-
schwester meiner Frau, Halbjüdin. Es geht mir gut.
Ich bin gesund. Der Absender ist vorgeschrieben.
Name, Vorname, Waldsee, Haus Nr. 17. Wie aus
einem Erholungsort mit Wald und See. Warum
nicht Villa Nr. 17? Mit einer Antwort rechne ich
kaum. Der Zweck war wohl, die noch Daheimge-
bliebenen in Sicherheit zu wiegen.

Beim Zementholen gibt es Ärger. Ein Berliner namens Martin kann einen Zentnersack mit Zement
nicht tragen. Er läßt zweimal hintereinander den
Zementsack fallen. Zerrissen liegt er auf der Erde.
Martin bekommt Schläge. Er kann nicht mehr. Er
ist verloren. Wir wissen, was bald geschehen wird.
Wir fahren mit den zementbeladenen Loren zur
Mischmaschine. Armer Kerl, sagt der eine Gen-
darm. Wir nicken stumm.

Meinem Cousin Fritz Gelb aus Ungarisch-
Brod geht es seit einigen Tagen schlecht. Nur müh-
sam schaufelt er Kies. Er hat Durchfall und ist sehr
geschwächt. Er traut sich nicht, zum Krankenbau
zu gehen. Auf Grund der Erfahrungen in Birkenau
hat er recht. Am nächsten Tag kommt er nicht
mehr zum Kommando. Er hat nicht durchgehalten.

Nach wenigen Tagen sind meine Beine und
Füße sehr geschwollen. Immer mehr und mehr.
Hungerödem. Abends drücke ich meinen Daumen
gegen die Schwellung. An mehreren Stellen. Es
bleiben Löcher, die sich wieder langsam füllen.

Ich bin nicht der einzige. Abends sind die Füße geschwollen, morgens das Gesicht. Füße, Gesicht. Ich habe Schmerzen in der Leistendrüsengegend. Trotzdem rücke ich mit dem Kommando aus. Ich kann nicht Gleichschritt halten. Ich denke an die Magengeschwüre. Hilfe bis Mittag. Kapo Helmuth. Leichenwagen. Ich reiße mich zusammen. Links, links, links, links ... Meine zwei guten Engel befehlen mir, mich einfach auf das Gestell der Lore zu kauern. Meine Schutzengel. Kapo Helmuth haben wir überlistet. Abends melde ich mich beim Krankenbau. Der Pförtner im Ambulatorium des Häftlingskrankenbaues, kurz HKB genannt, wiederholt meinen Namen. Mannheimer. Mannheimer? Von wo bist du? fragt er. Ich sage es ihm. Auf meine Frage, ob er meinem Bruder Erich begegnet ist, schweigt er. Jetzt bin ich sicher, daß er ihn kannte. Er will nichts sagen. Sein Name ist Weiß; er stammt aus Holic in der Slowakei. Er trägt die Nummer 29 000. Ein Zufall, daß er noch am Leben ist. Jüdische Häftlinge leben selten so lange. Vielleicht verdankt er es seiner Stellung.

Ich muß mich entkleiden, muß unter die Brause, dann wird meine Häftlingsnummer ganz groß mit einem Tintenstift auf die Brust geschrieben. Es ist alles sehr gut organisiert. Anders als in Birkenau.

Anfang April 1943
Auschwitz HKB

In einer halben Stunde soll ich operiert werden.
Leistendrüsenentzündung. Durch die Schmerzen
bin ich etwas apathisch. Das linke Bein ist stark an-
geschwollen. Ich habe Schwierigkeiten, die Unterhose auszuziehen. Operationstisch. Ein Chirurg.
Ein Narkotiseur. Beide polnische Häftlinge. Äther.
Ich zähle bis dreiundvierzig. Ich erwache aus der
Narkose. Werde verbunden. Ein Papierverband.
Auf die Beine gestellt, gehe ich wackelig zur Holzpritsche. Es ist das oberste Bett eines Dreier-Bett-
gestelles. Wie über eine Leiter steige ich mit Hilfe
des danebenstehenden Bettgestells zu meiner Pritsche hoch. Ich fühle mich in Sicherheit.

Die Nacht ist sehr lang. Neben mir stöhnt ein
Häftling. Ich kann nicht schlafen. Das Stöhnen, der
Geruch des Krankensaals mit mehr als 200 Betten.
Es wird hell. Ich bin froh, daß die Nacht vorüber ist.
Die Freude dauert nicht lange. Einer der Pfleger
ruft: Alles aus den Betten! Verband abnehmen! Ein
SS-Arzt steht an der Eingangstür. Der Häftlings-
schreiber ruft die Häftlingsnummern auf. Der zwei
Meter breite und zwölf Meter lange Gang zwischen
den Bettreihen wird zur Aschenbahn. Ohne Asche.
Die soll später folgen. Ich ahne es. Ich habe Angst.
Ich habe große Angst. Die zwölf Meter müssen im
Laufschritt bewältigt werden. Die es schaffen, dür-
fen wieder in die Betten. Die anderen bleiben in
der Nähe der Tür stehen. Meine Nummer wird

aufgerufen. Laufschritt! Ich laufe, ich laufe, ich laufe um mein Leben. Ich empfinde keinen Schmerz. Die zwölf Meter erscheinen mir wie eine Ewigkeit. Meine Arme sind vorschriftsmäßig angezogen. Die Brust heraus. Genauer, das Skelett einer Brust. Ich darf ins Bett zurück.

In dem stöhnenden Nachbarn, der jetzt an der Reihe ist, erkenne ich meinen Freund Riesenfeld. Der ganze Körper ist mit Furunkeln übersät. Die Beine geschwollen. Nach acht Wochen Lageraufenthalt. Er kann nicht laufen. Er schleppt sich. An der Tür wird er festgehalten. Dann noch einige andere. Der Lauf ums Leben ist zu Ende. An der Tür dürften es an die vierzig sein.

Die Nummern werden nochmals verlesen. Einer fehlt. Es gelang ihm zu entkommen. Entkommen? Er wird aus dem Bett gezerrt. Er schreit, schreit, schreit …

Die Skelette, die wir in der Lagersprache Muselmänner nennen, bekommen Decken. Es ist ja April. Mit Hemd und Decke geht es treppabwärts. Nach zehn Minuten hört man einen Lastwagen abfahren. Die Zurückgebliebenen kennen das Ziel. Niemand spricht darüber. Diese Woche gibt es keine Selektionen mehr. Was wird die nächste Woche bringen? Wie lange muß ich wohl hierbleiben? Ich weiß es nicht. Niemand kann es mir sagen.

Zweite Aprilhälfte 1943

Ich verlasse den Krankenbau. Mein Bruder Edgar arbeitet als Schuhmacher. Er repariert Holzschuhe für Häftlinge. Er sagt, ich solle mich beim Arbeitseinsatz diesmal als Schuhmacher ausgeben. Dann käme ich zu seinem Kommando. Ich melde mich. Mein Block heißt 14a – mein Kommando: Bekleidungswerkstätten. Ich bin mit meinem Bruder zusammen.

Nächster Tag. Ich rücke mit dem Kommando aus. Ein großes Kommando. Ungefähr dreihundertfünfzig Häftlinge. Zwanzig Minuten Fußmarsch. Eine alte Fabrik. Muß eine Gerberei gewesen sein. Ein Dach über dem Kopf. Mein Bruder stellt mich dem Häftlingsmeister vor. Wie im Zivilleben. Heißt Lipczak. Aus Posen. Mein Bruder bekommt jeden Tag von ihm fünf Schläge auf den Hintern. Mit einem Schuhleisten. Obwohl er meinen Bruder mag. Ich soll einen Holzstift in einen Lederschuh einschlagen. Ich muß mich bücken. Wußte gar nicht, daß so ein Schuhleisten so weh tut. Ich soll Holzstifte schneiden. Mit einem Schustermesser. Abends gibt es wieder Schläge. Zu ungleichmäßig und zu wenig, sagt der Meister. Nach einigen Tagen geht es besser. Die Schläge gehören nur noch zum guten Ton. Ein Steckenpferd des Meisters. Unter dem rechten Schlüsselbein bildet sich eine rotblaue Geschwulst, die sehr schmerzhaft ist. Es ist eine Phlegmone. Abends melde ich mich im Krankenbau.

Ich muß wieder operiert werden. Wieder das Bad, die mit dem Tintenstift an die Brust geschriebene Häftlingsnummer. Ein polnischer Chirurg. Ich komme auf Block 9. Nebenan ist der Frauen-Experimentier-Block. Die Angst vor einer Selektion überfällt mich. Ich versuche, nicht daran zu denken. Ich bin sehr abgemagert. Die Rationen im Krankenbau sind sehr schmal. Mein Bruder Edgar kommt unmittelbar vor dem Morgenappell zum Krankenbau. Er pfeift. Es ist ein Signal aus unserer Kindheit. Der Krankensaal liegt im ersten Stock. Ich taumle ans Fenster. »Wie geht es dir?« ruft er hinauf. »Gut«, antworte ich. Er kann meinen Körper nicht sehen. »Fang«, ruft er. Eine Tagesration Brot fliegt durchs Fenster. Seine Ration. Er hungert. Für mich. Damit ich schneller gesund werde, sagt er. Morgen komme ich wieder. Nach zwei Wochen werde ich entlassen. Mein Bruder wartet vor dem Block. Er umarmt ein Skelett. Er unterdrückt die Tränen. Ich versuche, es ihm gleichzutun.

Der Arbeitseinsatz teilt die Entlassenen ein. Wie gewöhnlich. Tapezierer sagst du einfach. Ich mache es schon, sagte Edi gestern. Block 14a – Bekleidungswerkstätten. Ich kenne den Betrieb. »Tapezierer vortreten«. Der Tapeziererkapo, ein grüner Winkel, hat den »langen Schuster« gern. So nennt man meinen Bruder in dem Kommando. Er ist auffallend groß, auffallend jung. Jetzt siebzehneinhalb. Ich habe eine gute Arbeit. Wie lange wohl? Ich zupfe Wolle. Griechische Wolle. Die Juden aus

Griechenland hatten viel Wolle mitgebracht. Oliven und Wolle. Ein Pole, ein Politischer, beaufsichtigt die Zupfarbeit. Er ist angenehm und spricht mich beim Vornamen an. Oleg heißt er. Nicht alle Polen sind zu den jüdischen Mithäftlingen so freundlich. Ich schrubbe die Werkstätte. Als ich mit dem Aufwischen fertig bin, kippt der weniger freundliche »Kamerad« den Eimer um und versetzt mir einen Tritt ins Gesäß. Ich falle hin. Die Anwesenden lachen. Ich nicht. Auf Veranlassung des Tapezierers werde ich zum »Hofkommando« versetzt.

September 1943

Rudi Müller ist ein ehemaliger Handschuhfabrikant aus Prag. Wir sind im gleichen Block, in der gleichen Stube, im gleichen Kommando. Wir haben uns angefreundet. Er sortiert leere Koffer nach Qualität, Verwertbares wird aussortiert. Koffer sind nicht gefragt. Es gibt genug davon. Jeden Tag kommen neue Judentransporte. Neue Koffer. »Ich habe etwas für dich«, sagt er. Der Oberkapo bemerkt, daß wir uns unterhalten, und so kommt auch Rudi Müller in das Hofkommando. »Was hast du?« frage ich nachher im Block. Er gibt mir eine Photographie. Ich bringe kein Wort hervor. Verkrieche mich in eine Ecke. Es ist unser Familienphoto. Er fand es in einem Koffer. In unserem Koffer. Ich zerschneide es in zwei Streifen. Diese lege ich in meinen Gürtel, der doppelt genäht ist. Meine Eltern und Geschwister sind mit mir. Sie werden mich begleiten.

Die Arbeit im Hofkommando besteht aus Holz-sägen, Hoffegen und sonstigen Hilfsarbeiten. Rudi Müller und ich haben heute Holz zu sägen. Es ist ein warmer Tag. Wir rasten ein wenig. »Dreck-säcke!« ruft der Oberkapo aus einem Fenster. Er hat uns beobachtet. »Mitkommen!« Wir kommen in die Gerberei. Ein großes Becken. Rotbraunes Wasser. Für Häute. Wasserstand einen halben Me-ter vom oberen Rand. Wir ahnen, was uns blüht. Wir werden in unseren Häftlingskleidern hineinge-stoßen. Versuchen herauszuklettern. Der Oberkapo tritt auf unsere Finger. Stößt uns zurück. Tritt uns auf den Kopf. Dies wiederholt sich einige Male. Dann sagt er: »Ihr seid Kerle.« Wir klettern müh-sam heraus. Wir zittern vor Kälte, vor Angst. Bron-chitis ist bei mir die Folge. Fieber. Es gelingt mir, Blockschonung zu bekommen. Es bildet sich ein Abszeß an der Brust. Ich habe Angst, in den Kran-kenbau zu gehen. Wer dreimal dagewesen ist, kommt in die Gaskammer, geht ein Gerücht. Die Erlebnisse der letzten Wochen, die mich nur indi-rekt betrafen, haben meinen Lebensmut gedämpft. Vor allem führten drei Ereignisse dazu.

Beim Einrücken unseres Kommandos wird wie gewöhnlich der Befehl »Mützen ab! Augen links!« gegeben. Wir werden gezählt. Die Musik spielt wie sonst auch. Unsere linksgerichteten Augen sehen folgendes Bild: Auf schräggestellten Brettern, die an den Block links neben dem Tor gelehnt sind, lie-gen sechs Häftlinge mit aufgeschlitzten Bäuchen.

Die Gedärme quellen heraus. Die Gesichter sind blutbeschmiert und nicht zu erkennen. Später erfahren wir, daß die Häftlinge einem landwirtschaftlichen Kommando angehörten. Angeblich wollten sie flüchten.

Es ist Sonntag, die Musik spielt zur Unterhaltung der Häftlinge. Unterhaltung? Vor der Küche wird ein Galgen aufgebaut. Ein Galgen besonderer Art. Links und rechts ein Gestell, quer darüber ein Eisenträger. Mehrere Häftlinge werden aus dem Block 11, dem Bunker, gebracht. Sie besteigen die bereitgestellten Stühle, Schlingen werden ihnen um den Hals gelegt. Die Stühle mit einem Ruck weggezogen. Zwei Stunden bleiben die Gehängten hängen. Zur Warnung. Die Musik spielt weiter. Wir sagen nichts. Es gibt nichts zu sagen.

Eines Abends steht ein altes Mütterchen unweit des Toreinganges. Auch ihr Mann steht da. Vor ihnen eine Tafel. Auf ihr steht zu lesen: So ergehe es allen, deren Kinder versuchten, aus Auschwitz zu flüchten. Geiseln also. Stumm werden die alten Leute von uns gegrüßt.

Man müßte aus Auschwitz fort. Die ständigen Selektionen. Die Angst. Immer wieder Angst. Bist du diesmal dran? Das Kommando: Alle Juden bleiben nach dem Appell stehen, ist das Signal für diese Selektionen.

Poldi Gelbkopf ist es, an den ich mich jeweils halte. Er ist zwar hager, aber ein zäher Bursche.

Landwirt, schwere Arbeit gewohnt. Stelle ich mich hinter ihn, sehe ich nicht mehr so mager aus. Mein Körper wirkt etwas breiter. Auf Grund des Knochenbaues. Was einem alles einfällt, wenn man überleben will. Und ich will überleben. Es gibt eine Kraft, die mich hält. Vielleicht mein Bruder. Bestimmt mein Bruder. Was hält wohl die anderen? Den Glauben an Gott habe ich längst verloren. Dies alles kann nicht vor Gottes Auge geschehen. Wozu diese Prüfung, falls es eine sein sollte? Wozu diese Opfer? Wozu?

In Birkenau soll ein Transport aus Theresienstadt eingetroffen sein. Im Familienlager. Wie bei der Ankunft der Zigeuner, bleiben die Familien zusammen. Mein Freund Hermann aus Troppau ist im Dachdeckerkommando und arbeitet zur Zeit in Birkenau. Durch ihn versuche ich zu erfahren, ob meine Schwiegereltern, die Ende Januar in Theresienstadt bleiben konnten, dabei sind. Ärzte sind vorzugsweise in Theresienstadt geblieben. So auch mein Schwiegervater. Der Siebzigjährige könnte möglicherweise dabei sein. Er ist dabei. Mein Bruder und ich schicken ihm Brot. Ich lasse ihm auch eine Nachricht zukommen. Die Freude ist groß. Über meine Frau und meine Schwägerin gebe ich keine Auskunft. Die Hoffnung ist gleich Null – ich will den alten Leuten nicht wehtun. Auch die Hoffnung, daß die Schwiegereltern überleben, ist gleich Null. Dazu kenne ich Birkenau zu gut.

Weiß, der Pförtner des HKB, läßt sich endlich erweichen. Unseren Bruder Erich hat er gut gekannt. Erichs Füße sind erfroren, und er ging den Weg vieler. Wir fragen nicht mehr weiter. Am selben Tag begegnen wir Lazarowicz, dem Mann, der meinen Bruder verraten hat. Bei der Gestapo. In Ungarisch Hradisch. Wir kennen die Mittel der Gestapo, mit denen sie die Gefangenen zum Sprechen bringt. Wir reden über belanglose Dinge, über Arbeitskommandos. Was sollen wir sonst sagen? Es hilft doch nichts. Wir sind keine Richter.

Die Frauen aus dem Experimentier-Block 10 kehren von einem Spaziergang zurück. Es sind durchwegs hübsche Frauen, sauber gekleidet, ihr Alter dürfte zwischen zwanzig und dreißig Jahren liegen. Meist sind es Jüdinnen aus der Slowakei und Polen. Man kann nicht sehen, was im Block 10 mit ihnen geschieht. Ein Professor namens Clauberg[8] kommt allwöchentlich in das Lager, um die Experimente zu überwachen. Darum meinen manche, es handle sich um medizinische Experimente, vielleicht um Sterilisation, künstliche Befruchtung oder ähnliches.

Ein Transport aus Posen ist angekommen. Ich denke an Albert Göttinger und an das Brot, das wir damals für ihn aus Nivnice holten. An seinen Aufenthalt in Posen. An die Briefe voller Dankbarkeit, die er Eva geschrieben hat. So viel Dankbarkeit für ein Stück Brot. Damals konnten wir es nicht verstehen. Inzwischen haben wir es gelernt. Die Neuzugänge sind in einem Quarantäneblock. Man kommt trotzdem hinein. Ich frage nach Albert Göttinger. Ein Häftling zeigt auf einen sehr abgemagerten Mann in der Ecke der Stube. Ich spreche ihn an. Die Tränen kommen meinen Worten zuvor. Albert weiß nicht, wer ich bin. Er hat nie von mir gehört. Ich bin der Mann von Eva. Eva Bock. Jetzt versteht er. Wir sitzen schweigend auf der Holzpritsche. Ich gebe ihm etwas von meinem Brot. Und einen Pullover. Er soll wieder auf Transport gehen. In die Kohlengruben. Nach Jewischowitz. Am nächsten Tag finde ich ihn nicht mehr. Der Transport ist abgefahren.

5. Oktober 1943

Zählappell. Alle nichtpolnischen Juden haben nach dem Appell stehenzubleiben. Der SS-Obersturmführer von der Todesrampe in Birkenau kommt. Der Häftlingsblockschreiber steht mit dem Karteikasten neben ihm. Transport, flüstern alle. Wir machen den Oberkörper frei. Es verbleiben ungefähr einhundertzwanzig Häftlinge. Der Blockschreiber ruft die Häftlingsnummern auf. Die erste Selektion, vor der ich keine Angst habe. Hauptsache, wir kommen weg von Auschwitz.

Es ist der gleiche Arzt von der Rampe. Ich sehe ihn genau an. Ich stelle ihn mir ohne Uniform vor. Er sieht genauso aus wie viele andere Ärzte auch. Seine Augen, er ist Brillenträger, sind ganz ruhig. Sein Gesicht ist schmal, sein Profil etwas scharf. Seine Hände schlank, fast sensibel. Er ist sehr groß. Vielleicht Einsneunzig. Seine Haltung ist kerzengerade. Wir müssen die Hände vorzeigen. Die Zunge herausstrecken. Einer nach dem anderen. Dann anziehen. Der Arzt gibt dem Blockschreiber Anweisungen, die wir nicht hören können. Mein Bruder ist an der Reihe: 99 727. Dann ich: 99 728. Wir sind ungefähr in der Mitte der Gruppe. Der Blockschreiber gibt mir ein Zeichen. Er ist unser Freund. Ein Berliner. Das Zeichen bedeutet: Warten. »Nur dein Bruder geht mit«, sagt er. Ich befürchtete es. Die noch nicht verheilte Wunde an der Brust. Der Abszeß. Es muß etwas geschehen. Ich darf nicht allein in Auschwitz bleiben. Mein einziger Bruder. Weg von Auschwitz. Weg von den Brausen ohne Wasser.

Die Mütze in der Hand, Hände an der Hosennaht, trete ich vor den Herrn über links oder rechts, ja oder nein, Leben oder Tod. »Herr Obersturmführer, Häftling 99 728 bittet um eine Unterredung!« Dieser Satz kam wie aus der Pistole. Alles oder nichts. Weg von Auschwitz. Von den Gaskammern. Krematorium. Nur weg. Meinen leicht österreichischen Akzent versuche ich durch den zackigen Lagerton zu ersetzen.

»Was wollen Sie?« Das »Sie« überrascht mich. Ein kleiner Hoffnungsschimmer. »Herr Obersturmführer, Häftling 99 728 bittet auf Transport gehen zu dürfen. Bin vollkommen arbeitsfähig.« »Sie haben doch eine Wunde an der Brust!« Verblüffend dieses Gedächtnis. Ich war ja inzwischen angezogen. Ein Häftling sieht wie der andere aus. »Öffnen Sie Ihr Hemd, wollen mal sehen. Schreiber! Transport!« »Danke, Herr Obersturmführer!«

Einen Tag später. Die Verpflegung muß zwei Tage reichen. Brot. Wurst. Margarine. Neue Kleider. Frische Wäsche. Statt Lederschuhen gibt es Holzpantinen. Keine Holländer. Ein aus einem Stück gefertigter Holzschuh. An der Spitze ein Stück Leinwand. Hier steckt die Fußspitze drin. Es ist nicht leicht, in diesen Schuhen zu marschieren. Der Fuß muß gespreizt werden, um die Holzpantinen nicht zu verlieren. Wir marschieren zu den bereitgestellten Waggons. Es sind Güterwagen. Links und rechts je fünfunddreißig Häftlinge. Die Mitte bleibt frei. Für die SS-Posten. Wir wissen nicht, wohin es geht. Die Posten wollen uns nichts sagen. Es geht zur Arbeit, sagen sie nur. Wir sind beruhigt. Warum hätten wir sonst neue Kleider, Wäsche, Verpflegung bekommen? Ein Lichtblick genügt und schon sind wir perfekte Optimisten. Ist es Lebenswille oder Naivität? Durch einen Spalt in der Waggonwand glaubt jemand zu erkennen, daß es nach Norden geht. Mehr wissen wir vorerst nicht. Wir fahren zwei Tage und zwei Nächte. Auschwitz liegt weit weg. Wie hieß es damals? Die Kinder kommen in den Kindergarten. Männer können ihre Frauen sonntags besuchen. Die Wahrheit war anders. Es gab keine Kindergärten. Es gab keine Besuche. Es gab nur Hunger, Elend und Tod.

Warschau

Am jüdischen Versöhnungstag kommen wir in Warschau an. Im Warschauer Getto. Genauer: in den Trümmern des Warschauer Gettos.[9] Auf dem Nebengleis stehen Waggons, die mit alten Ziegelsteinen beladen sind. Es sind historische Steine. Zeugen eines Kampfes zwischen den mutigen Kämpfern des Warschauer Gettos und der Übermacht der Himmlerschen SS-Truppen. Näheres wissen wir nicht. Die Nachrichten sickerten nur spärlich nach Auschwitz. Vermutlich haben sie polnische Häftlinge mitgebracht. Jetzt stehen wir hier mitten auf historischem Boden. In Holzpantinen. Zum Abbruch des Kampfplatzes hergebracht. Der Morgen bricht an. Es sieht alles so unheimlich aus. Ausgebrannte Häuser. Eine große Stille. Keine Menschenseele weit und breit. Wir treten an. Marschieren. Das Geklapper der zweitausend Holzpantinen hört sich gespenstisch an. Ihr Echo ist in dem heranbrechenden Tag besonders unheimlich. Auf einem Straßenschild lesen wir »Dr. L. Zamenhof«. Der Erfinder des Esperanto. Zur besseren Verständigung zwischen den Nationen. Nach zwanzig Minuten sind wir angekommen. Es ist die Gesia-Straße. Im Hauptgebäude befindet sich ein Gefängnis. Dahinter ist ein Lager aufgebaut. Holzbaracken mit Fenstern. Sieht ganz gut aus.

Wir stellen uns auf dem Appellplatz auf. Ein Lagerältester mit schwarzem Winkel hält eine Rede. Disziplin, Sauberkeit, Fleiß! Wir kennen es schon. Einteilung auf die einzelnen Blocks. Eintau-

108

send Häftlinge. Fünfhundert griechische Juden kamen bereits vor uns. Sind seit drei Monaten hier. Reichsdeutsche BV-ler (Berufsverbrecher) auch. Als Blockälteste und Kapos. Die SS liebt es, diese Posten mit Berufsverbrechern zu besetzen. Mein Bruder und ich kommen auf Block 1. Die Nummern, die wir in Warschau bekommen, sind 2881 und 2882. Die tätowierten Nummern gelten nicht mehr. Neues Lager. Neue Nummern. Es gibt noch keine Betten. Wir schlafen auf dem Fußboden. Schuhe unter dem Kopf. Ohne Decken. Die vielen Menschen wärmen den Raum. Es ist ja erst Oktober. Da geht es noch. Edi und ich werden einem Abbruchkommando zugeteilt. »Merke«, heißt es. Vermutlich der Name der Abbruchfirma. Erster Ausmarsch. Ein polnischer Meister. Wir haben jetzt Zivilkleider mit roten Streifen an Hosenbeinen und Jacken. Wir bekommen Pickel in die Hand, klettern in Holzpantinen auf die ausgebrannten oder teilweise bereits abgebrochenen Mauern und haben die Aufgabe, in gefährlicher Höhe Ziegelsteine abzubrechen. Die werden gereinigt und gestapelt. Tag für Tag das gleiche.

Die Arbeitskommandos werden beim Einmarsch ins Lager oft streng untersucht. »Gefilzt« nennt man es in der Lagersprache. Die Keller der ausgebrannten Häuser bergen oft Schätze. Teller, Bestecke, verschiedene Porzellangegenstände. Sie sind ein beliebtes Tauschobjekt im Verkehr mit den polnischen Zivilisten. Ich finde einen Beutel

Graupen. Dumpfig. Schmuggle sie ins Lager. Gemeinsam mit Freunden koche ich sie. Wir stellen fest: gut sind sie nicht – vielleicht nahrhaft. Auf alle Fälle: Gerste. Besser als Rüben. Eines Tages finden wir Skelette. Vom Aufstand. Drei Erwachsene. Zwei Kinder. Verschüttet durch Einsturz. Oder vergiftet durch Rauch. Oder erschossen. Wir wissen es nicht. Wir sagen Kaddisch.

Einige Häftlinge gründen eine Kabarettgruppe. An einem Sonntag treten sie in Block 6 auf. Eine Ecke wird zur improvisierten Bühne. Hauptinitiatoren: Herbert Scherzer, Schauspieler, und Ernest Landau, Journalist, beide aus Wien. In der ersten und zweiten Reihe sitzt die Lagerprominenz. Alles Berufsverbrecher, Lagerälteste, Blockälteste, Kapos.

Das Programm besteht aus Sketchen und Couplets. Wir vergessen, daß wir in einem KZ sind. Nur wenige fanden Einlaß. Wegen Platzmangels.

Nach der Vorstellung sehe ich die »Künstler« mit einem kleinen Kessel Suppe aus der Küche herauskommen. Künstlersuppe. Ich gehe ihnen nach. Scherzer verschwindet in einem Block. Ich spreche Landau an. Ich kenne ihn nicht. »Kamerad, kann ich etwas Suppe haben?« »Hol' dir eine Schüssel!« Ich laufe in den Block, hole eine Schüssel und traue meinen Augen kaum. Ernest Landau wartet tatsächlich. Er gibt mir Suppe. Ich bedanke mich. Diese Tat wird meine Einstellung zu Ernest Landau für immer bestimmen.

November 1943

Der Rapportführer sucht Wäscher. Jetzt bin ich
mutig. Schuhmacher und Tapezierer war ich schon.
Warum nicht Wäscher? Ich melde mich. Wo als
Wäscher gearbeitet? Theresienstadt. Wer schnell
lügt, lügt gut. Die Wäscherei für das ganze Lager.
Vier Häftlinge. Zwei Kessel. Viel Wäsche. Monate-
lang getragen. Von Kranken. Ekelerregend. Es gibt
Läuse. Läuse bedeuten Fleckfiebergefahr. Nach
zwei Wochen wird die Wäscherei geschlossen.
Neues Kommando. Wäscherei Nachtschicht. In
der Stadt. Außerhalb der Gettomauer. Aufregend.
Es ist die Firma Winter, Leszno 20, Warschau. Die
Wäsche kommt von der Wehrmacht und der SS.
Zwei SS-Leute begleiten uns. Volksdeutsche aus
Kroatien. Eine Polin mit Tochter beaufsichtigt
die Nachtschicht. Dampfgeheizte Waschmaschinen.
Warm. Zentrifugen. Heißmangeln. Alle sind glücklich. Die anderen im Lager beneiden uns. Wir waschen heimlich unsere Wäsche mit. Um acht Uhr
morgens kehren wir ins Lager zurück. Ziehen
abends schmutzige Wäsche an. Von unseren Freunden. Trotz Fleckfiebergefahr. Läuse gibt es jetzt
sowieso genug im Lager. Seit mehreren Monaten
keine saubere Wäsche. Ein Freund bringt vom Abbruchkommando ein Heft mit. In Polnisch. Ich
schaue es mir an. Ein Tagebuch, geschrieben in den
letzten Tagen des Aufstands im Getto. Mädchen-
schrift. Für Suppe kaufe ich das Heft ab. Lasse es
ins Deutsche übersetzen. In der Wäscherei arbeitet

seit kurzem eine Zivilistin. Blond. Jung. Hübsch. Intelligent. Spricht außer Polnisch Deutsch, Französisch und Englisch. Wasserstoffsuperoxydblond. Cesia heißt sie. Sie ist besonders freundlich zu uns. Das läßt vermuten, daß sie eine untergetauchte Jüdin ist. Auf »arische Papiere« lebt. So nennt man es. Wir wollen nicht direkt fragen. Am nächsten Abend erkundige ich mich nach ihren Eltern. Sie weint. Jetzt weiß ich es. Ich sage es den anderen nicht. Ein verändertes Verhalten bedeutet Gefahr. Sie soll nicht den Weg ihrer Eltern gehen. Das Tagebuch fällt mir ein. Cesia wird es für die Nachwelt aufbewahren. Falls wir nicht überleben. Vielleicht in einem Museum. Museen sind ziemlich sicher. Ich spreche mit ihr. Sie ist einverstanden. Jeden Tag nimmt sie einige Blätter mit. Die letzten Tage eines 14–16jährigen Mädchens. Hunger, kein Licht, kein Wasser, Schmutz. Versteck. Immer der Gefahr ausgesetzt.

Im Lager bricht eine Fleckfiebergefahr aus. Zwei Baracken werden zu Krankenblocks. Edgar ist erkrankt. Robert Sawosnik, ein norwegischer Medizinstudent, betreut Edgar. Ernest Landau ist als Pfleger da. Er hat sich freiwillig gemeldet. Ist mutig. Ich komme jeden Tag morgens in die Baracke. Nach der Nachtschicht in der Wäscherei. Die Toten der Nacht liegen vor dem Block. Skelette mit Haut überzogen. Haut mit großen schwarzblauen Flecken. Fleckfieberflecken.

Die SS-Leitung ist beunruhigt. Durch einen Blockältesten erfahren wir, daß bereits beim Reichssicherheitshauptamt in Berlin angefragt wurde. Nicht liquidieren hieß die Antwort. Die Epidemie wird nach und nach eingedämmt. Die Bilanz: ungefähr fünfhundert Tote.

Der Grieche Saul aus Saloniki ist in der Kleiderkammer beschäftigt. Es ist ein Privileg, da beschäftigt zu sein. Einmal in der Woche kommt er in die Wäscherei. In SS-Begleitung. Mit Pferd und Wagen. Er versucht zu fliehen. Es mißlingt. Wird angeschossen. Kann nicht laufen.

Am folgenden Sonntag bleibt nach dem Morgenappell alles stehen. In der Nähe des Blocks 6 wurde ein Galgen errichtet. Saul wird vor unseren Augen erhängt. Sein Bruder Isaak muß zusehen. Bricht zusammen. Die Häftlinge gehen in die Blocks. Das Leben geht weiter. Leben? Weiter?

In der Wäscherei gibt es große Aufregung. Wäschestücke verschwinden. Einen Täter gibt es nicht. Die polnischen Zivilarbeiter, die tagsüber waschen, schieben die Schuld uns zu. Unser Kommando rückt am nächsten Abend nicht mehr aus. Wir bleiben im Lager.

Dezember 1943

Zählappell. Fünferreihen. Vordermann und Seitenrichtung. Die Stimme des Blockältesten klingt heiser. Die Toten der Nacht liegen längs der Stirnseite der Baracke. Wie jeden Tag. Der Blockführer zählt ab. Die Lebenden mit den Toten ergeben den Sollbestand. Der stimmt. Zum Glück. Rührt euch! Stillgestanden! Bekanntmachung: Diejenigen Häftlinge, die mit Büroarbeit vertraut sind, sollen sich melden. Soll ich, soll ich nicht? Ich denke an die Seife und das Handtuch in Auschwitz. An das Reinigungsbad, Desinfektion. Die Brausen ohne Wasser. Unsinn! Warschau ist nicht Auschwitz. Ich melde mich. Vor der Kommandantur sollen wir antreten. Siebzehn Häftlinge sind angetreten. Vor dem Obersturmführer. Neben ihm der Kommandoschreiber – ein Häftling. Sechzehn »Arier« – reichsdeutsche »Arier« – ein Jude. Keine Chancen, denke ich für mich. »Wer kann stenographieren?« fragt der SS-Offizier. Außer mir meldet sich noch ein Häftling. Vortreten! Mein Rivale hat »photographieren« verstanden. Ich werde der Häftlingsschreibstube zugeteilt. Kurz vor Beginn des Warschauer Winters. Hoffnung auf Überleben. In großer Dankbarkeit denke ich an meinen Vater. Er sagte zu mir: Mein Junge, Stenographie ist sehr wichtig. Nebenbei: Ich mußte kein einziges Mal stenographieren.

Viele junge Leute lernen heutzutage stenographieren. Manchen fällt es schwer. Sie klagen. Dann sage ich: Stenographie ist sehr wichtig! Mehr sage ich nicht. Sie würden es doch nicht verstehen.

Die Arbeit in der Schreibstube ist leicht. Wir haben die Toten aus der Kartei herauszunehmen, führen Listen über die Arbeitskommandos und ähnliches. Das Besondere bei der Kartei ist, daß manche Häftlingsnummern bis zu dreimal »besetzt« gewesen sind. Starb jemand, so wurde seine Nummer Neuzugängen zugeteilt.

Der Tierpfleger Willy V. füttert Schweine für die SS-Küche. Er kommt in die Schreibstube. Ein grüner Winkel. Berufsverbrecher. Er erlaubt mir, in seinem Namen an meine Schwägerin zu schreiben, die noch zu Hause ist. Reichsdeutsche dürfen schreiben und Pakete empfangen. »Liebe Maria, es geht mir gut in Warschau. Schicke mir ein Paar geschlossene Holzschuhe. Falls es geht, Evas gelbes Hochzeitskleid und etwas Marmelade. Ich bin gesund. Hoffe, daß es Dir auch gut geht.« Vier Wochen später bringt Willy ein Paket zum Block. Ich will ihm etwas daraus abgeben. Er lehnt schroff ab. Fast beleidigt. Vermutlich ist er zu stolz. Das Paket enthält allerlei Lebensmittel, ein Paar geschlossene Holzschuhe, Socken, Traubenzucker, Vitamine und ein Glas Marmelade. In der Marmelade das »gelbe Hochzeitskleid« – Evas goldenes Armband und ihr Halskettchen. Sie hat es verstanden. Und ich wußte, daß sie es verstehen würde. Das Armband und das Kettchen will ich gegen Brot tauschen. Ich gebe sie einem polnischen Zivilmeister – Pawel Sikora aus Posen. Er bringt mir einen Laib Brot dafür. Angeblich wurde ihm der Schmuck am Gettotor durch die SS weggenommen. Das Brot gäbe er mir aus Mitleid. Ich kann nichts machen.

Die Angehörigen »arischer« Häftlinge haben ein Privileg. Sie dürfen die Asche ihrer Angehörigen anfordern. Wenn es soweit ist. Gegen Gebühr. Manchmal ist es soweit. Auch Kapos und Vorarbeiter müssen manchmal dran glauben. Nein, vor Hunger sterben sie nicht, nicht in Warschau. Das Auffinden von Wertgegenständen wird ihnen hin und wieder zum Verhängnis. Nicht das Auffinden selbst, sondern der Handel damit. Die SS-Posten sind oft Teilhaber beim Verkauf. Sie sind die Verkäufer. In Warschau, außerhalb der Gettomauern. Bringen den Lieferanten meist Wodka dafür. Wodka löst die Zunge. Die Kapos rühmen sich ihrer wunderbaren Beziehungen. Nicht lange. Die Kontrahenten in grüner Uniform mit Totenkopf haben gerne stille Teilhaber. »Auf der Flucht erschossen«, heißt es als Todesursache. Für die Kartei. Für die Angehörigen. Die Kiste mit der Asche steht neben meinem Schreibtisch. Es ist mir nicht gelungen, herauszufinden, ob die Asche vom Verbrennungsplatz in der Nähe des Gebäudes des früheren Judenrates stammt. Oder sonstwoher. Diesmal sind vier Urnen zu füllen. Oberscharführer Mielenz, der von den Häftlingen »Kappesbauer« genannt wird, beaufsichtigt meine Arbeit. Die Urnen werden in Holzkistchen verpackt. Der Name des Häftlings und der Sterbetag stehen darauf. Das Kaliber der Pistole fehlt.

Leon Halpern lebte vor seiner Verhaftung in »Mischehe«. Seine Frau und sein Kind blieben in Prag. Er schrieb wegen eines Paketes. Über einen reichsdeutschen Häftling. Dem Paket liegt ein Brief bei. »Lieber Leon«, beginnt er. Der offizielle Empfänger heißt nicht Leon. Mielenz befiehlt mir, in der Kartei nach allen Leons zu forschen. In einer Viertelstunde will er das haben. Ich kenne Leon gut. Ich tue nur eines. Ich informiere ihn. Mehr kann ich nicht tun. Er kann sich besser vorbereiten. Auf Fragen. Auf Schläge. Leon wird über den Bock gelegt. Fünfzig Stockhiebe. Er ist mager, aber zäh. Hält durch. Läßt sich nachher im Krankenrevier verbinden. Er ist tapfer. Der Reichsdeutsche wird einem anderen Kommando zugeteilt. Leon behauptete, es ohne Wissen des Reichsdeutschen gemacht zu haben. Er ist ein Kerl.

In Warschau gibt es Zugang. Ein Transport ungarischer Juden kommt aus Auschwitz. Das neue Lager, das vor Monaten vorbereitet wurde, wird bezogen. Die Schreibstube übersiedelt gleichfalls. Es ist nur einige hundert Meter weiter. Neue SS-Wachmannschaften kommen. Aus Lublin. Das dortige Getto und Lager soll bereits liquidiert sein.[10] Die meisten Häftlinge werden auch weiterhin mit Abbrucharbeiten beschäftigt. Die politischen Nachrichten, die immer wieder zu uns durchsickern, lassen uns auf ein baldiges Kriegsende hoffen. Es kommt jetzt nur noch darauf an, das Ende zu erleben. Partisanengefahr gibt es angeblich auch. Die SS, die in ihrer Freizeit nach Warschau gehen darf, hält sich immer in Gruppen.

Der Kommandant des Lagers in Plaszow bei Krakau[11] kommt zu uns. Aus der Kartei haben wir Facharbeiter herauszusuchen, die nach Plaszow mitgehen sollen. Der Kommandant, Goeth[12], ist ein gefürchteter Mann. Ich zittere, als er mir die Transportliste in die Maschine diktiert. Zu diesem Transport kommt es nicht mehr. Eines Tages erhalten wir Marschverpflegung. Diesmal warten keine Güterwagen. Es wird ein Fußmarsch. In Holzpantinen. Richtung Westen.

Eine lange Kolonne von abgemagerten Häftlingen schleppt sich an der Hauptstraße entlang. SS-Bewacher, teilweise mit Hunden, treiben uns an. Wer zurückbleibt, wird erschossen. Wir haben es sehr eilig. Wir ahnen, daß die Russen nahe sein müssen. Die Nervosität der SS ist zu spüren. Viele von uns bleiben zurück. Sie können das Tempo nicht halten. Obwohl wir eigentlich gar nicht so schnell marschieren.

Gegen Abend rasten wir auf einer Wiese. Hier wird das erste Nachtlager sein. Ein bestimmtes Gebiet dürfen wir nicht verlassen. Damit wir nicht fliehen. Wir haben großen Durst. Wir dürfen nicht nach Wasser suchen. Die Erde hier ist sehr feucht. Das läßt auf Wasser hoffen. Mit Eßlöffeln wird gegraben. Nach einem Meter ist Wasser. Wir stürzen uns darauf. So entstehen mehrere Quellen, die unseren Durst vorübergehend stillen. Trinken, trinken, trinken... Gutes Wasser. Viele beten. Danken Gott für das Wunder.

Am nächsten Tag geht es weiter. Wieder bleiben viele zurück. Hunger und Durst plagen uns. Wir kommen nach Sochaczew. Ein Fluß. Trotz Typhusgefahr trinken wir. Wir können nicht anders. Mit und ohne Kaulquappen. Ekeln uns nicht einmal. Durst ist schlimmer als Hunger. Bisher wußte ich es nicht. Es muß nicht die Wüste sein. Fußmarsch reicht auch. Wir haben Angst. Vor dem Hunger, vor dem Durst, vor dem Zurückbleiben.

Vor Kutno übernachten wir in einem Wald. Es regnet. Es schüttet. Wir liegen am Boden. Mit Löffeln graben wir Rinnen um uns. Damit das Wasser abfließen kann. Unsere Kleider sind durchnäßt. Wasser gibt es jetzt genug. Der Regen hört auf. Der Tag beginnt. Wir marschieren zum Bahnhof in Kutno. Neunzig Häftlinge müssen in einem Güterwagen Platz finden. Fünfundvierzig Häftlinge auf die eine – fünfundvierzig auf die andere Seite. Die Mitte muß für die zwei SS-Bewacher frei bleiben. Wir hocken am Boden. Dicht aneinander. Der Gestank von Urin und Kot ist unerträglich. Der Durst, den die stark gesalzene Marschverpflegung verursacht hat, wird immer stärker. Halten wir an einer Station, dürfen wir austreten. Wasser-Holen ist verboten. Die SS holt Wasser. Füllt damit ihre Feldflaschen. Wir bitten um Wasser. Ein Häftling bricht aus einer Zahnprothese einen Goldzahn heraus. Er bekommt Wasser dafür. Gold für Wasser.

Wir haben drei Tote im Waggon. Erdrückt. Erstickt. Wer weiß es schon? Es wird gestoßen und geschlagen. Die Posten drohen mit Schießen. Es hilft nichts. Der Raum wird nicht größer. So geht es drei Tage und zwei Nächte. Mit Aufenthalten in unbekannten Stationen. Kübel leeren. Jagd nach Wasser. Wir kommen in Dachau an. Wir atmen auf.

Dachau

August 1944

Wir schleppen uns ins Lager. Atmen trotzdem auf. Bad. Desinfektion. Registrierung. Edgar 87 097, ich 87 098. Dreimal numeriert und immer noch am Leben. Wir bleiben auf dem großen Appellplatz stehen. Aufteilung auf die Blocks. Block 17 Quarantäne. Drei Wochen soll es diesmal dauern. Durch Unterernährung werden meine Zähne ganz wackelig. Ich gehe zur Zahnstation. Der französische Häftlingsarzt rät zu Karotten, sagt aber nicht, wo sie beschafft werden können. Gegenüber der Zahnstation ist der Sezierraum. Gleich nebenan die Leichenkammer. Ein tschechischer Häftlingsarzt, Dr. Bláha, fragt mich: Willst du Brot? Ich will. Brot aus dem Sezierraum. Was macht das schon? Nach Karotten wage ich nicht zu fragen. Ich darf wiederkommen.

Italienische Offiziere kommen in unseren Block. Als Häftlinge. Ungefähr zwanzig an der Zahl. Auch alte Sozis und Gewerkschaftsfunktionäre kommen. Alt auch an Jahren. Einer muß zum Krankenrevier. Ich will ihm den Weg zeigen. Fast beleidigt lehnt er ab. »Ich war schon vierunddreißig hier«, lautet seine Antwort. Ich habe ihm als »Alter« nicht imponieren können. Ein siebzigjähriger Mann in Dachau.

Gegen Abend werde ich in die Schreibstube bestellt. In Nachtschicht soll ich Karteikarten schreiben. Es sind Karten von neu eingetroffenen Transporten. Um Mitternacht gibt es Grießbrei.

Schmeckt auch kalt gut. Soll aus der Diätküche stammen. Experimente. Galgen, Gaskammer[13] – und Diätküche? Ich verstehe es nicht.

In Dachau ist die Häftlingsleitung in Händen der Politischen. Nicht der Grünen oder Schwarzen, wie in Auschwitz oder Warschau. Im Pfarrerblock gibt es Geistliche aller Nationalitäten. Deutsche, Polen, Tschechen, Jugoslawen – katholisch, protestantisch, griechisch-orthodox. Ich begegne einem Pfarrer, der meinen Vater gut kannte. Er fragt nicht nach ihm. Er will mir nicht weh tun.

Ein Bordell gibt es in Dachau auch. Ein Häftlingsbordell. Für »Arier«. Russen ausgenommen. Mit Bons wird man eingelassen. Gegen Voranmeldung. Die angeblich freiwilligen Opfer sind Häftlinge aus Ravensbrück.[14] In Dachau gibt es viele Jugoslawen. Man nennt sie Partisanen. Sie waren es auch. Ich spreche mit einigen. Ich bewundere ihren Mut. Ein Teil eines Volkes geht in die Berge. Kämpft gegen eine reguläre Armee. Mit viel Idealismus und wenig Waffen. Unter härtesten Bedingungen. Ich vergleiche. Sie und uns. Wir ließen uns wie Schlachtvieh abtransportieren. Mit Nummern um den Hals. Wir hielten bereitwillig den Kopf hin. Schlachtvieh sträubt sich, den Schlachthof zu betreten. Wir nicht. Wir gehorchen ohne Widerspruch. Bis auf die Juden im Warschauer Getto. Und vor zweitausend Jahren. Vielleicht liegt es daran, daß die Juden während dieser langen Zeit der Zerstreuung vielfach als

Menschen zweiter Klasse behandelt wurden und daher, bis Warschau, sämtlichen Verfolgungen passiv gegenüberstanden.

Nach drei Wochen Quarantäne in Dachau geht es nach Karlsfeld. Wenige Kilometer von Dachau entfernt. Das Lager heißt O. T. Außenlager Karlsfeld.[15] Es gibt Steinbaracken und Dreibettgestelle. Wie überall hält auch hier der Lagerälteste eine Rede, die wir schon kennen. Wir werden den einzelnen Arbeitskommandos zugeteilt. Sager&Woerner heißt mein Kommando. Auf dem Gelände der BMW haben wir Hallen zu bauen. Die Arbeit besteht aus Zement-Tragen. Eisen-Tragen. Dem Kommandoführer, SS-Hauptscharführer Jäntzsch, macht es Spaß, seinen Schäferhund auf die Häftlinge zu hetzen. Er gibt erst das Kommando »auslassen«, wenn das Opfer blutet. Nach einigen Tagen werde ich krank. Ich darf im Lager bleiben. Für leichte Arbeit. So heißt es. Leicht? Zusammen mit einem sehr alten Häftling, Albert Kerner aus München, transportiere ich mit einem Muli Leichen von Karlsfeld nach Dachau. Ins Hauptlager. Zur Verbrennung. Kerner geht neben dem Muli, der SS-Posten neben mir. Ich habe darauf zu achten, daß die Toten zugedeckt bleiben. Ein plötzlicher Windstoß hebt die Decken ab. Die Vorbeigehenden, hauptsächlich Frauen, machen erschrockene Gesichter. Leichen aus dem KZ sind kein schöner Anblick.

Mein Bruder Edgar,
der als einziger außer mir
überlebte, Ende Juni 1945
in Neutitschein. Er war
damals 19 Jahre alt.

Im Sommer 1945, wenige
Monate nach meiner Befreiung.

In einem Block wird gebetet. Es sind meistens Juden aus Ungarn. Sie beten jeden Tag. Am Jom-Kippur – dem jüdischen Versöhnungstag – fasten sie sogar.

Politische Nachrichten werden verbreitet. Die Amerikaner und Engländer sollen sehr nahe sein. Wie nahe, kann niemand sagen.

Im Januar 1945 wird ein Kommando nach dem Außenlager Mühldorf[16] verlegt. Mein Bruder gehört dem Kommando an. Jetzt sollen wir doch noch getrennt werden. Einer allein kommt schwerer durch. Freunde sind zwar gut – ein Bruder ist besser. Ich bleibe zurück. Ich denke an den braven Soldaten Schwejk, der sich nach dem Krieg um fünf Uhr mit seinem Freund im Wirtshaus zum Kelch treffen will. Wir werden uns schon finden, lautet unser gemeinsamer Trost.

Vierzehn Tage später wird ein Transport zusammengestellt. Meist sehr abgemagerte Häftlinge. Vorsichtig erkundige ich mich. Es soll nach Mühldorf gehen. Zur Arbeit. Ich melde mich. Die Sehnsucht nach meinem Bruder ist stärker als die Angst. Wir bekommen Verpflegung. Besteigen einen Güterzug. Die Fahrt dauert nur wenige Stunden. Ein kleines Lager. Holzbaracken. Wir werden auf die Blocks verteilt. Ich finde meinen Bruder noch am gleichen Abend. Ich habe es geahnt, daß wir uns wiederfinden. Das Kommando, dem ich zugeteilt werde, baut eine unterirdische Flugzeugfabrik.

Die Arbeit ist schwer. Die Verpflegung schlecht. Es gibt Läuse im Lager. Wo es Läuse gibt, gibt es Typhus. Ich bekomme Flecktyphus. Vierzehn Tage lang kann ich nichts essen. Inzwischen wurde die Krankenbaracke einmal »leergemacht«. Die Kranken wurden nach dem Lager Kaufering bei Landsberg gebracht. Ein Sterbelager.[17]

Am 28. April 1945 kommt der Befehl zur Räumung des Lagers Mühldorf. Güterwagen stehen auf dem Gleis für uns bereit. Ich bin sehr abgemagert und muß direkt aus der Krankenbaracke in den Wagen geführt werden. Fünf Wochen Typhus haben mich sehr geschwächt. Auf meinen Bruder gestützt, erreiche ich den Wagen. Ich fühle mich in Sicherheit – geborgen. Nach einigen Stunden fährt der Transport los. Die Begleitmannschaft besteht nicht nur aus SS, sondern auch aus Wehrmachtsangehörigen. Das beruhigt uns ein wenig. In jeder kleinen Station bleiben wir stehen. Wir merken, daß wir nach Westen fahren. In Poing, unweit von München, bleiben wir länger stehen. Auf dem Nebengleis steht ein Zug mit Flakgeschützen. Plötzlich gibt es Alarm. Unsere Wachen, die den Zug umstellt haben, sind verschwunden. Ein amerikanischer Tieffliegerangriff richtet seine Geschosse auf die beiden Züge. Wir verlassen fluchtartig die Wagen und laufen in die Felder. Kann es wahr sein? Ist der Krieg zu Ende? Jedenfalls haben wir nicht mehr die Absicht, in die Wagen zurückzukehren. Einige

Mithäftlinge kommen bei dem Fliegerangriff um. Jetzt, in letzter Minute. Auch ein Freund von uns. Ingenieur aus Prag. Fünf Jahre hat er durchgestanden. Umsonst.

Mit der Freiheit dauert es nicht lange. Plötzlich sind wir umzingelt. Die Posten schießen über unsere Köpfe hinweg und treiben uns in die Waggons zurück. Der Transport fährt weiter. Es ist der 30. April 1945. Wir bleiben auf offener Strecke stehen. Von weitem sehen wir eine lange motorisierte Kolonne. Unsere Bewacher sind verschwunden. Wir öffnen die Waggons. Das Tor zur Freiheit. Einige hundert Meter von uns fährt eine amerikanische Militärkolonne. Wir sind frei. Wir können es noch nicht fassen. Ich bin zu schwach, um den Waggon zu verlassen.

Neben dem Zug errichten die Amerikaner eine provisorische Ambulanz. Zwei Sanitäter nehmen sich der Kranken an. Legen sie auf Feldbetten. Waschen sie. Geben ihnen Stärkungsmittel. Ambulanzwagen kommen. Die schwersten Fälle sollen in ein Krankenhaus gebracht werden. Wir sind wieder Menschen. Wir können in ein Krankenhaus gehen, ohne Angst zu haben. Wir sind frei.

Anmerkungen

Von Prof. Dr. Wolfgang Benz, Direktor
des Zentrums für Antisemitismusforschung
der Technischen Universität Berlin.

1   Die »Sudetendeutsche Heimatfront« war am
1.10.1933 von Konrad Henlein gegründet und im
April 1935 in »Sudetendeutsche Partei« umbenannt
worden. Seit 1935 wurde die Partei, die als Samm-
lungsbewegung des gesamten Sudetendeutschtums
fungierte, vom Deutschen Reich finanziert. Sie
erhielt 1935 (mit 15,2%) die meisten Stimmen, un-
terstellte sich im November 1937 rückhaltlos Hitler,
diente dann als Instrument der nationalsozialisti-
schen Politik gegenüber der ČSR und wurde im
Dezember 1938 in die NSDAP eingegliedert.

2   Am 29./30. September 1938 wurde von den
Regierungschefs das Münchner Abkommen, ein
Vertrag zwischen Deutschland, Großbritannien,
Frankreich und Italien unterzeichnet, der die seit
Ende 1937 dauernde, von Berlin geschürte »Sude-
tenkrise« beendete. Aufgrund des Münchner Abkommens mußte die Tschechoslowakei ihre mehr-
heitlich von Deutschen besiedelten Gebiete an
das Deutsche Reich abtreten (20% des Territori-
ums, 25% der Bevölkerung).

3   Unter Bruch der im Münchner Abkommen pro-
tokollierten Garantie des Bestandes der Rest-Tsche-
choslowakei oktroyierte Hitler am 14./15.März 1939

dem tschechoslowakischen Präsidenten Hacha einen Vertrag, der die ČSR der Souveränität beraubte und das tschechische Territorium als »Protektorat Böhmen und Mähren« dem Deutschen Reich angliederte (die Slowakei blieb als Satellitenstaat »unabhängig«).

4 Das Lager Theresienstadt hatte eine Sonderstellung im System der NS-Judenpolitik. Es diente zunächst als Sammellager und Durchgangsstation für die Juden aus dem Protektorat, die von Theresienstadt aus nach dem Osten deportiert wurden. Ab Frühjahr 1942 war Theresienstadt dann vor allem »Altersgetto« für prominente und privilegierte Juden aus dem Deutschen Reich. Die Überlebenschancen waren freilich kaum günstiger als in anderen Lagern, wie folgende Bilanz zeigt: Von den insgesamt über 141 000 Eingelieferten waren 88 000 deportiert und dann größtenteils vernichtet worden, etwa 33 500 Menschen waren in Theresienstadt gestorben, knapp 17 000 Menschen wurden am 7. Mai 1945 von der Roten Armee befreit.

5 Das Konzentrationslager Auschwitz bestand aus drei Komplexen mit 38 Außenlagern. Auschwitz (I), am 20. Mai 1940 errichtet, war Hauptlager und Zentrale, Auschwitz II (Birkenau) bestand ab 26. November 1941 und war ab Januar 1942 Vernichtungslager, in dem die »Selektierung« auf der Ankunftsrampe stattfand, dort befanden sich die

großen Vergasungsanlagen, Auschwitz III (Monowitz) diente ab 31. Mai 1942 als Arbeitslager für das Buna-Werk des IG-Farben-Konzerns.

6   Die Häftlinge in Konzentrationslagern waren durch verschiedenfarbige Stoffdreiecke – Winkel –, die der Kleidung aufgenäht waren, nach Kategorien gekennzeichnet: u. a. rot für politische Häftlinge, grün für Kriminelle (Berufsverbrecher), schwarz für »Asoziale«, rosa für Homosexuelle, lila für Bibelforscher (Zeugen Jehovas).

7   Die Abkürzung RIF stand für »Reichsstelle für industrielle Fettversorgung« bzw. »Reichs-Industrie-Fette«. Die lange Zeit weitverbreitete Interpretation »Reines Judenfett« hat keinen realen Hintergrund.

8   Carl Clauberg (1898 – 1957), Gynäkologe, war 1933 als Chefarzt der Universitätsfrauenklinik Kiel der NSDAP beigetreten. 1933 – 1940 war Clauberg Professor an der Universität Königsberg, dann Direktor der Frauenklinik Königshütte in Oberschlesien unweit von Auschwitz. Er suchte den Kontakt mit Heinrich Himmler, den er für Experimente zur Sterilisierung von Frauen ohne Operation interessierte. Von 1942 bis 1944 erprobte Clauberg seine Methode der Massensterilisierung durch Injektion ohne Betäubung im großen Stil im Block 10 in Auschwitz I an Jüdinnen und Zigeune-

rinnen. Die Versuche waren mit größten Schmerzen verbunden und führten oft zum Tod der Opfer.
1945 wurde Clauberg in die Sowjetunion deportiert
und wegen Beihilfe zur »massenhaften Vernichtung
sowjetischer Frauen« zu 25 Jahren Haft verurteilt,
aber 1955 begnadigt und in die Bundesrepublik
entlassen. Er wurde im November 1955 in Kiel verhaftet und starb im August 1957, kurz vor Beginn eines Prozesses wegen »fortgesetzter schwerer
Körperverletzung« an weiblichen Häftlingen in
Auschwitz. Clauberg hatte sich bis zuletzt mit diesen »wissenschaftlichen« Leistungen gebrüstet.

9   Nachdem bereits 300 000 Bewohner des jüdischen Wohnbezirks in Warschau in das Vernichtungslager Treblinka deportiert waren, widersetz-
ten sich ab 19. April 1943 die restlichen 60 000
Juden der weiteren Räumung des Gettos. Die
SS-Verbände unter Jürgen Stroop brauchten bis
16. Mai, um den bewaffneten Aufstand niederzu-
werfen. Das Getto wurde dabei vollkommen zerstört. Zur Trümmerbeseitigung und zur Bergung
brauchbaren Materials wurde am 15. August 1943
in Warschau ein eigenes Konzentrationslager errichtet, dessen Häftlinge ab 24. Juli 1944 nach
Dachau evakuiert wurden.

10   Das Konzentrationslager Lublin, das auch
unter dem Namen Lublin-Majdanek bekannt ist,
existierte vom Oktober 1941 bis zur Befreiung im

Juli 1944, es hatte zehn Außenlager, und vom Sommer 1942 bis Juli 1944 war es Vernichtungslager; insgesamt wurden ungefähr 200 000 Menschen dort ermordet.

11   Das Konzentrationslager Krakau-Plaszow existierte vom Januar 1944 bis Januar 1945, es hatte die offizielle Bezeichnung »SS-Arbeitslager« und war zuvor Zwangsarbeitslager für Juden gewesen.

12   Amon Leopold Goeth, 1908 in Wien geboren, war zuletzt im Range eines SS-Hauptsturmführers (das entsprach dem Hauptmann bei der Wehrmacht) Kommandant des Lagers Plaszow. Er war im August/September 1946 in Krakau vor dem polnischen Obersten Nationalen Gerichtshof angeklagt, u. a. wurde ihm die Ermordung von 8000 Juden im Getto Tarnow zur Last gelegt. Das Todesurteil wurde am 13. 9. 1946 vollstreckt.

13   Im Konzentrationslager Dachau existierte zwar eine Gaskammer, sie wurde jedoch nicht zur systematischen Tötung von Häftlingen, wie dies in den Vernichtungslagern geschah, benützt.

14   Ravensbrück (bei Fürstenberg im Bezirk Potsdam), am 15.Mai 1939 eingerichtet, am 30.April 1945 evakuiert, war das größte Konzentrationslager speziell für Frauen (42 Außenlager). Über 90 000 Frauen kamen in Ravensbrück ums Leben.

15 Das Außenkommando Karlsfeld war am 11. Juli 1944 errichtet worden, Arbeitgeber war die Oberbauleitung Dachau der Organisation Todt (OT). Die OT, benannt nach ihrem Chef Dr. Fritz Todt, war 1938 als staatliche Organisation zur Errichtung militärischer Anlagen und kriegswichtiger Bauten errichtet worden. Auf den OT-Baustellen wurden vor allem ausländische Zwangsarbeiter (»Fremdarbeiter«), Kriegsgefangene und KZ-Häftlinge beschäftigt.

16 Das Außenkommando Mühldorf hatte fünf Unterkommandos, darunter zwischen August 1944 und Mai 1945 das Unterkommando »Ampfing-Waldlager V und VI«, dessen Häftlinge in Regie der OT-Oberbauleitung Mühldorf an der unterirdischen Flugzeugfabrik bauten.

17 Das Außenkommando Kaufering bestand seit Sommer 1944 aus insgesamt neun Lagern in verschiedenen Orten im Raum Landsberg, Flugplatz Lager Lechfeld, Kaufering. Zwei dieser Lager dienten offiziell als »Krankenlager«, die Sterblichkeit war in Kaufering besonders hoch.

Bibliographische Notiz

Max Mannheimer, Theresienstadt – Auschwitz – Warschau – Dachau. Erinnerungen, in: Dachauer Hefte 1: Die Befreiung, Hg. Wolfgang Benz und Barbara Distel, Dachau 1985, S. 88–128 (Taschenbuchausgabe: München 1993. Nachdruck: Hefte von Auschwitz 20, Hg. Staatliches Museum Auschwitz-Birkenau, Auschwitz 1997, S. 238–289)

Angelika Pisarski, … um nicht schweigend zu sterben. Gespräche mit Überlebenden aus Konzentrationslagern, München 1989, S. 248–306

Max Mannheimer, Schmerzliche Integration, in: In München geboren – von München ausgezogen – nach München verschlagen. Lesebuch zur Geschichte des Münchner Alltags, Hg. Landeshauptstadt München, München 1990, S. 129–140

Max Mannheimer, in: Im Land der Täter. Gespräche mit überlebenden Juden, Hg. Susann Heenen-Wolff, Frankfurt/M. 1992, S. 240–248 (Taschenbuchausgabe: Frankfurt/M. 1994)

Barbara Supp, »Wie halten Sie das aus?«, Der Spiegel 14/1995, S. 76–81

Max Mannheimer, Gedanken eines Überlebenden von Auschwitz. Interview mit Evelyn Scriba, in: Das

Judentum. Edith-Stein-Jahrbuch 1997, Hg. José de Murillo, Würzburg 1997, S. 295–306.

Max Mannheimer, Ein Überlebender von Auschwitz und Dachau berichtet als Zeitzeuge, in: Mahnung und Erinnerung, Hg. Hans-Jochen Vogel und Rita Süssmuth, München 1998 (= Jahrbuch des Vereins »Gegen Vergessen – Für Demokratie« Bd. 2), S. 193–194

Max Mannheimer, in: Jüdisches Leben in Deutschland, Hg. Ingrid Wiltmann, Frankfurt/M. 1999, S. 55–90

Nachwort

Max Mannheimer hat über sein Leben mehrfach Auskunft gegeben. Am 12., 13. und 18. Januar 1956 gab er in Frankfurt/Main drei ausführliche Interviews. Kopien der Niederschrift befinden sich in der Wiener Library (London bzw. Tel Aviv), im Archiv von Yad Vashem (Jerusalem) sowie in der KZ-Gedenkstätte Dachau. 1989/90 hat die Landeshauptstadt München ihrem Geschichtswettbewerb das Motto gegeben »In München geboren – von München ausgezogen – nach München verschlagen«. In dem Lesebuch zu diesem Wettbewerb ist Max Mannheimer mit dem Beitrag »Schmerzliche Integration« vertreten. Auch in dem Sammelband »Jüdisches Leben in Deutschland«, den Ingrid Wiltmann letztes Jahr herausgegeben hat, ist Mannheimer einer der Gesprächspartner. Zentral aber ist der Text dieses Buches, der hier zum erstenmal selbständig publiziert wird.

Anlaß für die Niederschrift von »Spätes Tagebuch« war eine schwere Krise im Leben des Verfassers. Im April 1964 war seine zweite Frau an Krebs gestorben. Wenige Monate später mußte sich Mannheimer einer Kieferoperation unterziehen. Als er den Arzt nach dem histologischen Befund fragte, sagte dieser, der Befund sei negativ, er wolle ihn morgen mitbringen. Der Arzt vergaß den Befund; am nächsten Tag war es nicht anders und auch nicht am folgenden. Mannheimer, der durch die Krankheit seiner Frau viel über Krebs gelernt hatte, glaubte, einer barmherzigen Lüge auf der Spur zu

sein, und sah auch das eigene Ende nahen. Er über-
wand die verständliche Scheu, die vielen Holo-
caust-Überlebenden eigen ist, über das Überwun-
dene zu sprechen. Er fühlte sich verpflichtet, der
damals 17 Jahre alten Tochter »etwas über das
Leben meiner Familie aufzuschreiben«, wie er später einmal sagte. Doch zum Glück stellte sich bald
heraus, daß Mannheimers Befürchtung, er habe
Krebs, unbegründet war. So gab er die Aufzeich-
nungen seiner Tochter nicht, denn: »Ich wollte ja
erst sterben.«

Zwanzig Jahre nach der Niederschrift von
»Spätes Tagebuch« begannen die »Dachauer Hefte«
zu erscheinen. Barbara Distel, die Leiterin der K Z -
Gedenkstätte Dachau, bat Mannheimer, seinen
Text in den ersten Band, der den Titel »Die Befreiung« trug, aufnehmen zu dürfen. Der Autor
stimmte zu und seine Erinnerungen wurden erstmals publiziert, gemeinsam mit dem Lagertage-
buch von Arthur Haulot und anderen Texten, und
so einer breiteren Öffentlichkeit bekannt. Wolfgang Benz, damals am Institut für Zeitgeschichte
tätig, versah den Text mit erläuternden Anmerkungen. Wir sind Herrn Professor Benz sehr dankbar
dafür, daß wir seine Anmerkungen in die vorlie-
gende Publikation erneut aufnehmen durften.
»Spätes Tagebuch« wurde in eine Reihe von Spra-
chen übersetzt, unter anderem ins Tschechische
und ins Hebräische. Auf Deutsch erscheint es erst
jetzt als selbständige Veröffentlichung, sprachlich

leicht überarbeitet und ergänzt um Photographien aus dem Privatbesitz des Autors.

Schon die erste Publikation von Mannheimers Erinnerungen im Rahmen der »Dachauer Hefte« fand ein großes Echo und seit 1986 ist der Autor rastlos unterwegs. Er spricht in Schulen und Universitäten, vor kirchlichen Organisationen und Jugendverbänden, auf Tagungen und Kongressen. Daneben macht er regelmäßig Führungen durch die Gedenkstätte in Dachau. Seit 1988 ist er auch Vorsitzender der Lagergemeinschaft Dachau e.V. für die Bundesrepublik Deutschland und Mitglied des Exekutivbüros des Comité International de Dachau. Außerdem gehört er dem Beirat des Vereins »Gegen Vergessen – Für Demokratie« an. Durch sein Engagement verkörpert Mannheimer wie wenige das Ziel des Vereins, die Erinnerung an die Vergangenheit wachzuhalten und die freiheitlich-demokratische Grundordnung unseres Landes zu stärken.

Ausgrenzung, Verfolgung, Zwangsarbeit, Vertreibung und Vernichtung – das waren die Koordinaten jüdischer Existenz in dem von den Nationalsozialisten beherrschten und verheerten Europa. Max Mannheimer hat alle diese Stationen durchlitten. Fast seine ganze Familie wurde ausgelöscht und auch seine erste Frau kam in Auschwitz-Birkenau ums Leben. Nie wieder, so schwor er sich, wollte er zurück nach Deutschland, in das Land seiner Peiniger. Doch dann lernte er Elfriede Eiselt

142

kennen, die aus einer sozialdemokratischen Familie stammte und Widerstand gegen den Naziterror geleistet hatte. Ihre Tochter wurde noch in Neutitschein, wohin Mannheimer zurückgekehrt war, geboren, doch schon kurz darauf übersiedelte die junge Familie ins besetzte Deutschland, Mannheimer war für verschiedene jüdische Wohlfahrtsorganisationen tätig, während seine Frau die SPD von 1952 bis 1960 im Münchner Stadtrat vertrat. 1964 starb sie an Krebs – Mannheimer heiratete erneut, und 1966 wurde ihm ein Sohn geboren, den er nach einem seiner ermordeten Bruder Ernst nannte.

Mit seiner dritten Frau, der Amerikanerin Grace Franzen, geb. Cheney, lebt Mannheimer heute in der Nähe von München. Seit den 50er Jahren ist er, unter dem Namen ben jakov, auch als Maler tätig und hat sein Werk in vielen Ausstellungen gezeigt.

Max Mannheimer ist für sein Wirken vielfach geehrt und ausgezeichnet worden. Für uns Deutsche ist es eine Ehre und Auszeichnung, daß er unter uns lebt und tätig ist. Möge es noch lange so bleiben.

Ernst Piper

Inhalt